はじめてのクラシック音楽

許 光俊

講談社現代新書

2693

目次

第六章　クラシック音楽の作曲家たち
——その2　「国民」から「現代」へ——

第七章　代表的な演奏家たち

ォ・ポゴレリチ／ファジル・サイ／ラン・ラン／チョ・ソンジン／アンドレアス・シュタイアー／・ヴァイオリニスト／ヤッシャ・ハイフェッツ／イヴリー・ギトリス／チョン・キョンファ／アンネ＝ゾフィー・ムター／イザベル・ファウスト／パトリシア・コパチンスカヤ／変な顔、妙な格好

おわりに

はじめに

入門書。これほど空しい本もありません。

クラシック音楽の魅力を説く。これほどバカバカしいこともありません。

あなたはあるひとを好きになったとき、ある店のラーメンをおいしいと思ったとき、お酒の味がわかったと思ったとき、スポーツの試合に勝って有頂天《うちょうてん》になったとき、いちいち説明を読んでそうなったのでしょうか。いいえ、違うでしょう。もっと直感的に、瞬間的に、理屈抜きに、自発的に、ああ、好きだ、いい、おいしい、嬉しい、そう思ったのではないですか。

誰も行ったことがない秘境の魅力を語る。これには意味があるでしょう。誰も知らないのですから。しかし、クラシック音楽は、すっかり日本に定着しています。嫌でも学校の授業の時間に聴かされるし、楽器を習う人は多いし、あちこちのBGMで使われているし、何を今さら。おまけに、現在では無料で聴ける音源がインターネット上にいくらでもあります。モーツァルトのピアノ曲をたまたま聴いて、いいなと思ったら、「モーツァルト」、「ピアノ」などと入力して検索すればいくらでも見つかるのです。入門も何も……。好きになったら、あとはどうにでもなるのではありませんか。

残酷なようですが、初めにはっきり書いておきます。もしあなたが、この本を読んだらクラシックが好きになれるかもしれないと思っていたら、それは間違いです。好き嫌いはどうにもなりません。何かを好きになるのは、運命の出会いのようなものです。興味がなかったもの、嫌いなものが何かの拍子に好きになるのは、他に比べるものなき幸運にほかなりません。

では、この本は何のために存在するのでしょう？　それは、たまたまクラシックはいいなと思った人、クラシックはおもしろいかもしれないと好奇心を抱いた人に、「クラシックとはだいたいこんなもの」という俯瞰的《ふかんてき》な見取り図をお見せするためです。個別的で細かな情報は、今や誰でも検索して調べることができます。そういう時代です。ただ、そうやって手に入れる情報にはウソや間違いも多いのだけれど、それしか見ていない人には、見抜けません。だから、あまり変なほうに進まないためのおおまかな地図。それが本書のひとつめの目的です（変なほうに進んでもそれはそれでおもしろいかもしれませんが、そういう自分流の冒険が好きな人は入門書を必要としないでしょう。私が書くことなど無視して、どんどん好きな方向へ突き進んでください）。

大きさがわからない迷路に投げ込まれたら、誰でも大きな恐怖を感じるでしょう。だけれど、それが何メートル四方か聞いたら、だいぶ不安は薄らぐでしょう。昔のヨーロッパの冒険家たちも、だいたい何十日航海したらインドへ到着するはずだと推論できたからこそ、大海原に乗り出せたのです。おおざっぱでいいので、とりあえずこれくらいという大きさのイメージを持っていただきたいのです。日本史や世界史が、教科書一冊の分量でくまなく述べられるわけはありませんし、個々の歴史的なできごとについて異なる考え方もたくさんあるでしょうが、それでも教科書を読めば歴史に関するひとつのまとまった知見が得られる。それと同じです。

本書のふたつめの目的は、深いところが見えるようにすることです。あるいは、経験が浅くてまだ見えないなりに、あそこに深みがあるのではないかと感じ取ってもらうためです。もちろん、限られた分量の本ですから、やれることは多くはありません。しかし、いろいろなヒントをちりばめたいと思っているのです。

もしも、外国の名作文学について詳しくなりたいと思ったら……簡単です。ゲーテの『ファウスト』でも、フローベールの『ボヴァリー夫人』でも、トルストイの『戦争と平和』でも、翻訳者によっていくらか違いがあるとはいえ、文庫本を買うなり、図書館で借りるなり、とにかくどんどん読んでいけばいい。それしか方法はありません。つまり、コツなどというものはまず意識しなくていい。

ところが、クラシック音楽はそうではないのです。多くの読者は、刺身を買ってきて家で食べたり、冬になれば家族で鍋を囲んだりすることでしょう。その際にはごく当たり前に、醤油やポン酢をつけて食べていることでしょう。たいていの方は、調味料が無駄になるのが嫌で、「まあ、とりあえずはだいたいこれくらいかな」という量を小皿に注いでいるのではないでしょうか。足りなくなれば注ぎ足せばいいわけですし。

ところが、です。いつも使っている醤油やポン酢を、思い切ってなみなみと注いでみてください。三倍とか五倍とか。すると、明らかに、おいしいのですよ。特に、二切れ、三切れ、四切れと進むほどに、驚くほど違いが出てきます。足りなくなったから、またちょっと注ぐということではなくて、最初からなみなみと。これがコツです。

こういうコツによって、楽しめる度合いが変わってくる、おそらくその典型のひとつがクラシック音楽なのです。

ちょっとばかり、自分のことを書かせてください。小学生の私が、釣りを好きになったときの経験です。ある夏の日のこと、休みで退屈している私を、知り合いのおじさんがたまたま小さな川に連れて行ってくれました。それまで私は、釣りや魚になど、まったく興味を持っていませんでした。そこで私はある決定的なことを経験したのです。

気味の悪い虫が餌《えさ》でした。どうやって針に刺すかも知らなかったし、第一触りたくなかったので、最初はおじさんにつけてもらいました。「適当にそのへんでやってごらん」と言うと、おじさんはもう自分の釣りに夢中で、私のことなど構ってくれませんでした。「魚がかかったら、ウキが動くから、そうしたら引き上げればいい」と言われて、私は放置されました。短い竹竿。最低限の針や糸。

しかし、私は少しやってみて、あることに気づいたのです。水中が少しばかり透けて見えました。魚が餌をつつくのが、うっすらと見えるのです。そして、つついた瞬間に竿を上げると、魚がかかるのです。つつき方がほんの少々なので、ウキは動きません。ウキを見ていては釣れないのです。実はこれは、私が子ども用の短い竿を使っていたから気づいたことなのです。大人は長い竿を使っているから、何メートルも先の魚など見えなかったのです。

この秘密に気づいた私は、大人の誰よりもたくさんの魚を釣ってしまいました。少年の日の私にとってもっとも幸せな体験のひとつです。あまりたくさん釣るので、不思議に思ったおじさんが、私のそばにやってきました。「なんだ、見えるじゃないか」と言ったときの彼のくやしそうな声は今でも忘れられません。

自分で見つけること。本当の人生の歓びは、人に教えてもらうもの、与えてもらうのではなくて、自分自身が見つけたり遭遇したりするものではないでしょうか。そのとき、世界の中に存在する何かと、ひとの心の中の何かが敏感に反応しあって、神秘的な幸せ、無限の宇宙の複雑なパズルの一片がわかったような恍惚が生じるのではないでしょうか。

ですから、どうぞこの本を手に取って、クラシックの世界の中へと踏み込んでみてください。先は急がなくてもいいのです。ゆるゆると散策するつもりで。飛ばし読みでも大丈夫です。そして、気になる作曲家、作品、演奏家がいたら、聴いてみてください。そして、「あなたの美」を見つけてください。

クラシックは縦横の線だか表のようなものだと思ってください。縦線は作曲家や作品、横線は演奏家です。作曲家がいなければ、音楽は生まれません。しかし、演奏家がいなければ、現実の音として聞こえてきません。作曲家と演奏家の絡み合いこそが、クラシックの楽しさであり、ややこしさであります。どちらに興味をひかれてもいいので、おもしろそうだと思ったら聴いてみる、ただそれだけを考えればいいのです。

第一章　クラシックとは、どんな音楽か？

クラシックは大人の音楽？

クラシック音楽というと大人、というより、もっとはっきり言うと中高年の人が聴く音楽だというイメージがかつてはありました。

でも、当たり前ですが、子どものときからクラシックが大好きになって一生懸命練習しないと、プロの演奏家にはなれません。つまり、若くてもクラシックが好きな人はたくさんいるのです。

とはいえ、若い人がコンサートに出かけてみると、同年代の人があまりいないことに驚くかもしれません。かつては、日本のクラシックコンサートは若者がたくさん来ているのがすばらしい、そう海外の音楽家に言われていたのだけれど、少子高齢化の波をもろに受けたのです。

特にクラシック愛好家は、家族に関心を持たない傾向があります。彼らは、この世に音楽という至福があることを知ってしまった人々です。生きることの目的は、その至福をできるだけたくさん味わうことです。

それを邪魔するものは何か。いろいろありますが、代表的なものが妻や夫、子ども、つまり家族です。

家族の生活費を稼がなければいけないのに、自分のために高いチケットを買ってしまう。それで離婚した人を私は知っています。妻も娘もいるのに、音楽の話ができないのがつまらなくて、自分の部屋に閉じこもってステレオを聴き続けている人も知っています。パリのオペラ座でたまたま隣り合わせた日本のご婦人は、「おふたりで来ているなんて、うらやましい。うちの亭主はこういうものにまったく興味がなくて……まったくつまらない人!」と赤の他人である私の前で夫を罵《ののし》って帰っていきました。

それぞれの人生や幸せについて、私には何か言う資格もありませんけれど、クラシックを愛している（あるいは、愛しすぎていると世間は言うかもしれません）人の中には、家族を持とうとしない人が多いことは間違いありません。もっとも、あらゆる趣味というものがそういうものではありましょうが。

いやいや、おそらく似た者どうしが集まって、私の周囲にはそういう人が多いというだけでしょう。家庭を持っている愛好家、それに何より音楽家はたくさんいるのですから。

クラシック音楽は苦みを愉しむ音楽かも

コーヒーは苦い。赤ワインにも苦みがあります。要するに、大人の嗜好品《しこうひん》はしばしば苦みを味わうものです。

若やいだ一直線の情熱や盛り上がり。それだけではクラシック音楽は成立しません。光と同じくらい闇がなければ、光の価値は薄れます。苦しみがあるから、喜びはいっそう晴れやかなものになります。抑圧があるから、解放感は気持ちがいいのです。

若いうちは、威勢のいい音楽にひかれます。私もそうでした。しかし、徐々にゆっくりした、しんみりした音楽のよさがわかってきます。聴きなおすと、新たな美を発見したりします。ですので、クラシックの作品は、そのとき聴いておもしろくないと思っても、またいつか聴きなおしてみてください。手練《てだ》れの作曲家が渾身で書いた曲を、しろうとが一度や二度聴いたくらいで、完全に理解できるはずがありません。いや、プロだってわからないから、指揮者は八〇歳を超えてもベートーヴェンの楽譜を研究し続けているのです。何度も聴き返すうちに、気がつくとその曲が好きになっている、そんなこともよくあることです。

もしかしたら一生聴き続けてもピンとこない曲もあるかもしれませんが、それはそれで仕方ありません。特に嘆くこともありません。正直なところ、大作曲家としてこの本で紹介している作曲家のうちの何人かは、私にとっては苦手というか、価値を認めないわけではないけれど、あまり好きになれません。そういうものだと思います。好きでないものは堂々と好きでないと言えばいいのです。

クラシックはいつの時代の音楽か？

まさか、昨日や今日生まれたばかりの作品がクラシック音楽と呼ばれているとは、誰も考えないでしょう。

クラシックという言葉は、英語の辞書を引いてみると、一流の作品、権威ある書物といった意味があります。

一流と見なされたり、権威を認められるためには時間が必要です。長い年月、多くの人々の厳しい目にさらされて生き残らないといけないのです。案外これはたいへんなことです。現代作家が書く小説のいったいいくつが一〇〇年後にも読まれるか。ノーベル文学賞を取ったのにほとんど忘れられてしまった作家は、世界中にたくさんいます。名画と呼ばれる映画にしたところで、制作から数十年たった今、若い世代のどれほどが見ていることでしょう。

また、クラシックという言葉には、古典的とか、古代ギリシア・ローマの著作や芸術という意味もあります。近代以降のヨーロッパにおいて、古代地中海世界は憧れの対象であり続けています。つまり、古典的という言葉には、単に古いだけでなく、のちの時代にでも通用するような美や真実が表現されているという意味が含まれているのです。

では、クラシック音楽は具体的にはどのあたりの時代の音楽なのでしょうか。

クラシックの誕生がいつだったか、学問的な話は別にして、現代の私たちがまず特に違和感なく楽しんでいるのは、バロック音楽以降の作品です。このバロック音楽は、一六〇〇年ごろからあとの音楽ということになっていますが、こと話を日本に限れば、一六〇〇年代の作品はあまり聴かれていないので、一六八五年に生まれたバッハあたりからあとの音楽が、クラシック界における日常的なレパートリーと見なしてよいでしょう。ヘンデルやヴィヴァルディもちょうどこの時期に生まれています。

バロック音楽がどういうものかと言えば、喜怒哀楽が明快で、メロディーがあって、伴奏がある音楽です。たとえば、ヴィヴァルディの『四季』のように、独奏ヴァイオリンが美しく歌い、ほかの楽器がそれと同じメロディーを弾いたり、低い音で支えたりするような音楽です。私たちがもっとも慣れている音楽の姿と言っても過言ではないでしょう。

実はバロック音楽の前にルネサンス音楽と呼ばれるものがあったのですが、こちらは合唱のア・カペラを想像するとよいでしょう。いくつもの声が美しいハーモニーを保ちながら音を変えていく音楽です。確かにきれいだし、独自の魅力があるのですが、たとえばベートーヴェンのように勇ましく盛り上がったりする音楽にはなりません。独奏者、独唱者が切々と哀しみを訴えるような音楽にもなりません。後世の音楽に比べれば、静的と言ってもよいでしょう。

厳密には、もちろん各時代の音楽の実情はそう簡単にひとことでまとめられるものではありませんけれど、ごく一般的に言ってなじみやすいのはバロック音楽以後のものということになります。

クラシックは今も作曲されているのか

クラシックというとまっさきに連想されるのは、一九世紀のベートーヴェンやショパンのような作曲家です。あるいはおおげさなかつらをつけた一八世紀のバッハのような作曲家です。どうしたって、昔の音楽という感じがします。

現在もっとも人気がある作曲家のマーラーやリヒャルト・シュトラウスの全盛期は二〇世紀初頭でした。このあたりの作曲家は、いわば応用問題の極致をやっているようなものです。ベートーヴェンなどが打ち立てた基本的な発想を、限界までやり尽くしていたという感じ。

ところが、ちょうどそのころのヨーロッパで決定的な大事件が起きてしまいました。第一次世界大戦です。一九一四年に始まった人類史上初めての大量の殺人兵器による戦争によって、それまでの常識がひっくり返ってしまいました。シリアスに人生を考え、理想美に憧れたり、上品なきれいさを好んだりすることが、馬鹿らしくなってしまったのです。大量生産、大量殺戮、あっという間に普及した飛行機……。野蛮人の戦争ではありません。文明や技術が引きおこした戦争なのです。感性が変わらないほうがおかしいのです。

第一次世界大戦が終わった一九二〇年代あたりには、妙に軽薄でふざけたような作品、逆に不安にさいなまれる心中を吐露したような作品など、それまでとは趣《おもむき》を変えた音楽が増えました。さらには、ジャズを取り入れたり、機械のような現代的な美を表現したり。もはや理想美などありやしません。

そして、さして間を置かずして一九三九年に第二次世界大戦が始まると、激しい爆撃によってホールやオペラハウスは破壊され、才能あるユダヤ人は虐殺され、文化をめぐる状況は一変してしまいました。もはやモーツァルトのような音楽を書けるわけがありません。

さらには、社会主義国における自由な芸術活動への弾圧。世界的企業による（必ずしも意図的ではないかもしれないが、結果的には）文化の均一化。その一方で、権威となった芸術家は文化産業の成功者となって、途方もない富を得るようになりました。

このような時代の変化を見ていると、おのずと第一次世界大戦が始まるあたりまでがクラシックの全盛期だったのではないかと想像できるでしょう。そして、それまでのいわば楽観的な芸術観の枠組みを踏み越えた作品がその後は作られたことも想像できるでしょう。ですが、楽観的な芸術観、というのはつまり、「芸術とは美しいものだ」ということですけれど、この外側に一歩を踏み出せば、それは時代のリアリティを表現するという点では間違っていないけれど、ごく普通のきれいな音楽を聴きたい人が求めるものとは違うものを作るということになるのは自明です。きれいでないもの、わけがわからないものを弾いたり聴こうとするのはよほどの変人です。ですので、ごく簡単にまとめると、普通のクラシック愛好家が聴く作品は、一九一〇年代までがほとんどです。それ以降のものもいくらかはありますが。

第二次世界大戦後は、さまざまな実験音楽が作られ、後述する「現代音楽」が確立されました。もはや聴衆がどう反応するかはほとんど眼中にありません。純粋に、音楽の新たなあり方を問うのです。また、理解されようがされまいが、作曲家は自身の信念を貫こうとします。どうせ、大勢の人が喜んで聴いてくれるようにはなりませんから。

となると、気づきます。クラシックとは、作品も演奏家も大事ですが、聴衆も大事だったのだと。すばらしい作品、それを魅力的に奏でる演奏者、それを喜んで聴く聴衆。この三つが揃って、いわゆる「クラシック」の世界は成り立っていたのです。

クラシックは流行とは無縁？

昔の日本では、クラシック音楽とは反対のものとして、「流行音楽」という言葉が使われていました。流行というのは、そのときだけのもの。終わってしまえば、誰も興味を持たなくなるもの。それに対して、クラシックは永続的なものというわけです。

実際は、流行音楽も、そう簡単に忘れ去られるものではなく、若い歌手が装いをかえて歌って再ヒットするなど、それはそれでクラシックとは違った生きながらえ方をします。とはいえ、一〇〇年、二〇〇年後がどうかはわかりません。

また、クラシックの世界にも流行がないわけではなく、数十年前にはたいして注目されなかった作曲家が、いや、あれは実はすごいんだと復活したりもします。極端な例はモーツァルトかもしれません。二〇世紀まんなかごろまで、モーツァルトは貴族のために耳当たりのよい音楽を書いたつまらぬ作曲家だと信じられていたのです。逆に、一時持ち上げられていたものの、一〇年、二〇年で飽きられてしまう作曲家もたくさんいました。

クラシック以外の音楽は残っていない？

西洋の古い音楽は、楽譜に書かれたり、出版されたりして、今に伝わっています。いつの時代にも流行歌はありましたし、酒場などで踊りのために弾かれる音楽もありました。いちいち楽譜に記されなかったり、印刷されなかったものもたくさんあったはずです。が、後世に残るのは、紙になった音楽だけでした。

これは案外、大事な話です。誰かがものすごい小説を書いても、自分のノートに記しただけなら後世には伝わらず、そもそも存在自体がわかりません。しかし、印刷されれば、どこかに残っている可能性が高まります。作品が後世に伝わるためには、印刷というテクノロジー、出版という産業が必要だったのです。文学の世界では、『変身』で有名なフランツ・カフカという作家がそうでした。「自分が死んだら、すべての原稿は焼いてほしい」と友人に頼んだのに、友人は焼く代わりに出版し、おかげで私たちは名作を読めるのです。

もちろん、大昔の人が書いた手書きの楽譜もたくさん残ってはいます。が、整理整頓されているとは限らないし、どこの誰が書いたのかわからない場合も多いのです。そして、楽譜がきちんと残っている作曲家は、宮殿や教会など、しかるべき場所で働いた人たちであり、酒場を回るような楽師ではなかったのです。

昔の人はみなクラシックを聴いた？

昔の人々のみながみなクラシックを好んで聴いたかどうか。少なくとも、一八世紀のヨーロッパの人たちにとって、音楽は高級な「芸術」ではありませんでした。あくまで耳のための娯楽であり、夜の暇つぶしであり、あるいはミサや儀式のための実用的なものでした。今日の私たちがクラシックに対するような態度で聴いていたわけではないのです。演奏中の私語や拍手も普通でした。

それが一九世紀になると、音楽（や美術など）は、個性の表現であり、人間の真実を語る尊いものであるという考え方が広まったのです。そして、音楽家は、ただの職人やエンターテイナーではなく、芸術家として尊敬の対象になっていったのです。それは徐々にキリスト教が力を失っていく時期でもありました。芸術は宗教の代わりを務めるようになったのです。音楽を聴いて癒されたり、希望や救いを感じるなんて、まさに神さまの代わりではありませんか。

オリジナリティ

今日では、盗作は芸術家にあるまじき恥ずべき行為と見なされます。芸術作品に限らず、作文やレポートの盗作も、教育現場では決してしてはならないものとされていて、生徒や学生は叱責《しっせき》され、大幅な減点を食らうのが普通です。

ところが、音楽とはオリジナリティが重要な芸術作品であるという考えが一般化するまでは、盗作は日常茶飯事でした。そもそも盗むという概念すらありませんでした。他人の作品がすばらしいならまねをするのが普通だったのです。当然、そんな時代には、著作権も存在しなかったのです。引用や編曲も好き勝手にできました。あのバッハもたとえばヴィヴァルディのコンチェルトを「編曲」して自分の作品として発表しています。もしバッハが現代に生きていたら、大量の訴訟を抱えたことでしょう。

そんな時代の作曲家たちは、芸術家というよりも、音を扱う職人でしたから、次から次へと大量の作品を書き飛ばしました。ヴィヴァルディは数百もの協奏曲を書きましたし、バッハの作品数も現代では考えられない異常な多さです。

ハイドンの交響曲は第一〇四番までありますが、ベートーヴェンになると第九番が最後です。ハイドンの場合は、雇ってくれている領主や、演奏に来る人々が喜ぶであろうアイデアを思いついたら、どんどん曲を書きました。しかし、ベートーヴェンは、ひとつひとつの曲が完全にユニークで、新たな世界を切り拓くことを願いました。となると、一〇〇も書けるはずがないのです。

クラシックの言葉

今日、世界共通の言葉というと、まずは英語が思い浮かびます。

ところが、クラシックにおいては、必ずしも英語は優勢ではないのです。もちろん、国際的な活動を行う音楽家はまず英語ができるのですが、用語としては、英語は劣勢と言うしかありません。

たとえば、速い遅いの速度の指示は、イタリア語が普通です。速いのがアレグロ、遅いのがアダージョ、それ以外にもいろいろ。

エスプレッシーヴォ（感情をこめて）、ノン・トロッポ（度を越さないように）といったニュアンスを加える言葉もイタリア語です。

それに、ソナタ、コンチェルト、オペラなどジャンルを表すイタリア語もたくさんあります。

このようにイタリア語が多く使われるのは、イタリアが音楽の中心とされている時代があったからです。なので、ドイツやイギリスの作曲家もイタリア語の用語を使っていたのです。

しかし、やはり多くの作曲家にとってイタリア語はしょせん外国語で、ピンと来ないこともあったのでしょう。ブルックナーはオーストリアの作曲家ですが、「厳かに」などとドイツ語で記しました。マーラーの楽譜にもドイツ語で細かい指示が書き込まれています。

歌詞のほうはというと、カトリックのミサ曲はラテン語が基本です。が、それ以外は作曲家の母語を用いるのが大半です。やはりメロディーやリズムは、ドイツ語なりイタリア語なりの歌詞にぴったりするようにできていて、ほかの言語だとしっくりこないのです。

とはいえ、外国語を解する聴衆ばかりではありませんから、昔のオペラ上演は自国語に翻訳するのが普通でした。イタリア・オペラも日本語で歌う時代が長く続いたのです。イギリスやアメリカのオペラで世界的な人気作は、残念ながらひとつもありません。ですので、オペラハウスで英語が歌われるのは、ごく限られた作品の場合のみです。

今日、ことに日本においては字幕システムが発達したので、オペラでは日本語訳が舞台に表示されるのが普通になっています。

楽譜

楽譜が読めないとクラシックはわからないのか。

そんなことはありません。

「読める」とひとことで言っても、簡単な話ではありません。この本の読者ならば、日本語で書かれた文章を読むことに困難は覚えないでしょう。しかし、だからといってその内容を完全に理解しているかどうかは別の問題です。たとえば、難しい哲学書を朗読することはできても、その内容となるとちんぷんかんぷんということは大いにあり得ます。

楽譜も、譜面づらを読むだけなら、大して難しいことではありません。しかし、この楽譜はどのような音楽をイメージしているのか、作曲家は何を言いたいのか、きっちりと読み取ることは簡単ではありません。

こう言ってはなんですが、たいがいの演奏家は、自分流に勝手に読んでしまっているのです。なぜなら、正確に読むためには、その作曲家やその時代について徹底的に勉強しなくてはなりませんし、程度の差はあれ、ひとは自分の視点からしかものごとを眺められないのですから（おまけに、演奏家は自我が強い人が多いし）。

考えてみれば、私たちは親しい人の発する言葉すら、時には誤解するではありませんか。ましてや遠く離れた場所、時代の作曲家の考えが一〇〇パーセントわかるはずもありません。

楽譜は料理の素材やレシピのようなものです。そこからどのようなものが生まれてくるのか。聴き手はそれを一生懸命感じ取ればいいのです。ただひとつの正解が存在しているわけではありません。また、だからこそクラシックは豊穣なのです。

絶対音感という言葉を耳にしたことがあるかもしれません。「絶対」なんて言うと、いかにも究極的なすごいもののように感じられます。

クラシック音楽では、基準になる音、それを西洋風にはA、日本語ではイ音（イロハのイです）と言うのですが、その高さが決まっていて、四四〇ヘルツです。その音を基準にして、ほかの音の高さも決まっていきます。絶対音感の持ち主は、鳴っている音を聴くと、あ、これはAだとか（当然、B、C……とあるのですが）、あるいはドレミファ……のどれだとかすぐにわかるのです。

さすが音楽家、そんな能力をみなが持っているのかと思う人もいるでしょうが、実はそんなに簡単な問題でもないのです。プロの中にもこの能力を持たない人はいます。それでもプロになれるどころか、世界の一流にもなれるのです。

なぜなら、実は基準になるAの音の高さは、時代や地域によってちょっと、あるいはかなり違うのです。おおざっぱに言うと、昔のほうが低かったのです。ですから、バロック音楽をバロック時代のやり方で演奏したいと思うと、おのずと全体の音が低くなります。四四〇ヘルツが基準で感覚ができあがっている人は、それが気持ち悪くてたまらないとも言います。

それと、音楽はひとつの音だけで成り立っているわけではありません。たくさんの音の相互関係が重要なのです。ド、ミ、ソ、それぞれの周波数がそういう関係にあるのか。しかも、その相互関係についても容易でないのは、ドレミファ……にしたところで、いろいろな設定法＝調律があるのです。これは永遠に未解決な難問ですので、気になる人は調べてみるとよいでしょう。

弦楽器は弦の押さえ方で容易に音の高さを微調整できます。ピアノの場合は、いったん調律したら、ずっとそれで弾かないといけませんが、どう調律するかはいろいろな可能性があって、その点を強く意識するピアニストは、調律師と相談しながら、決定していたりもするのです。

ですので、絶対音感があるからすばらしい音楽家である、ということにはなりません。「は」あるいは「し」という日本語の音を知っているだけでは、日本語がわかるとは言えないでしょう。「は」「し」は組み合わされた時に、「はし」という単語になり、その単語はアクセントの違いにより、また時と場合により、「箸」だったり「橋」だったり「端」だったりするわけです。それと同じことが、音楽のさまざまな要素についても言えるのです。そして、日本語のアクセントが地域や時代によっていろいろ異なるように、音の高さの感覚も、地域や時代によって異なるのです。

コンクール

日頃は芸術の話題にはあまり熱心とは言えないテレビのニュースも、コンクールとなると話は別です。海外の何々コンクールで日本人の誰某《だれそれ》が優勝したなどと華々しく報道します。

その最たる例がショパン国際ピアノコンクールで、長い時間をかけて紹介されます。なかには、このコンクールだけを熱心に追いかけるファンもいるようです。昨今は「ショパコン」などと短く略されていますが、品がないなあと私は思います。

こうしたコンクールについて、世の中には大きな誤解があるようです。どうもスポーツと混同しているようなのです。いろいろな国から、われこそと思う人々が名乗りを上げ、予選から勝ち進んでいって、いよいよ本選。確かにここまではスポーツに似ているのですが……。

スポーツ選手の目標は、オリンピックや世界大会のような競技会で最高の記録を出すことです。できれば世界記録を作りたいし、そうでなくても、その場で一番の成績が欲しい。たった一度でいいから、公式の場ですごい記録を出したい。そのただ一度の記録で、選手の価値は決まり、歴史に名が残ります。一位の名前は記憶されても、二位以下は忘れられる。それがスポーツの世界です。

ところが、クラシック音楽のコンクールは本来それとはまったく別のものなのです。世界には数えきれないほどコンクールがありますが、それらに共通することは、才能のある若手を見出し、世界に紹介してあげることなのです。「こういう有望な若者がいました。今後の成長を期待し、また促しましょう」ということなのです。

つまり、コンクールはプロの演奏家になるための、最初の足掛かりなのです。音楽家としての人生の目標ではまったくないのです。まあ、悪く言えば、一種の人買い市場のようなものかもしれません。

コンクールそれ自体が偉大なのではありません。マルタ・アルゲリッチ、マウリツィオ・ポリーニをはじめとして、名だたるピアニストたちがそこで世界的な注目を浴び、すばらしいキャリアを築くことができたからこそ、ショパン国際ピアノコンクールは価値があるとされているのです。つまり、偉大なのは個々のピアニストたちなのです（厳密に言うと、すでに若手として才能があると認められている人が、優勝という箔をつけるためにコンクールに出場するということはよくあります）。

文学の世界の芥川賞、直木賞、〇〇新人賞などを連想すればわかりやすいでしょう。それらは一般的にはベテランに与えられるものではありません。また、こうした賞を授けられた作品は、確かにその年、その時期においては注目に値するものなのでしょう。しかし、一流の作家と見なされるためにはそのあとも書き続けなくてはなりません。いっそう充実した作品を発表しなければ、文学者としての真の声望は得られません。音楽のコンクールもそれと同じです。コンクールで見いだされた若い才能が、その後も少しずつ演奏に深みを増していく。これこそが期待されていることなのです。残念なことに、有名なコンクールで優勝やそれに次ぐ評価を得たのに、伸び悩み、消えていった人はたくさんいます。

また、まったくはなはだしい勘違いだと私は常日頃から苦々しく思っているのですが、有名コンクールで優勝した人が、再びどこかの音楽院に入学して学びなおす例があります。順番が逆です。

それに、スポーツの成績は、種目にもよりますが、一〇〇メートルを何秒で走った、サッカーで何点取った、というように、誰が見ても明らかな場合が大半でしょう。ですが、美や技量にこのような点をつけることはできません。そこに、おのずと好ましからざるいろいろな事情が混じりこんでいます。たとえば、本場ヨーロッパの名門コンクールの入賞者の中に、ドイツ人、フランス人、イギリス人、ロシア人が誰もおらず、大半を東洋人、あるいは東洋系の人が占める、いったいそんなことがあり得るのでしょうか。また、社会主義の国々がスポーツ界で勝つためにどのようなことをしていたかはよく知られていますが、音楽においてもいろいろな闇があったのです。

ということからすると、日本の現状におけるコンクールの扱いは、バカ騒ぎが過ぎると言うしかありません。手っ取り早くスターが欲しいという音楽業界、メディア業界に惑わされてはいけません。

もうだいぶ前から、本当に力がある人はコンクールで有名になる必要などなく、さっさと売り出されるので、コンクールに出る人は売れ残りだとも言われています。とはいえ、コンクールを足掛かりにして世界に飛び立つ若手はたくさんいます。

誰某が優勝したという話を耳にしたら、頭の片隅にでも入れておいて、機会があれば聴いてみるくらいでちょうどいいと思います。

クラシックはどこで学ぶ？

クラシックの演奏家というと、言葉もろくに覚えないうちからピアノやヴァイオリンなどを練習してきた神童《しんどう》を連想する人もいるでしょう。ちゃんと教えていないのに、和音に気づいたり、作曲できるようになることは珍しくありません。こうした例は特に音楽一家において顕著です。子どもが言葉を覚えるようにおのずと音楽の仕組みや決まりごとを覚えたと思えば、実はさして不思議ではありません。

もちろん一流の演奏家、作曲家になる人は、幼時から並々ならぬ天分を感じさせることが多く、それに気づいた親や先生によって本格的なレッスンを受けさせられます。そのためにはある程度の余裕がある生活をしているか、うまいぐあいに後援者を見つけなければなりません。

しかし、こうした個人的、プライベートな勉強とは別の、音楽院というシステムもあります。体系的な教育は、とりあえず全体の底上げをするには有効なのです。そして、そのようないわば学校的な教育は、社会が豊かになり、中産階級に余裕ができ、広く教育が行き渡るようにならないと不可能です。

たとえば、チャイコフスキーなどを輩出したロシアは、豊かな音楽文化を持っていますが、長いこと階級間の格差があまりにも大きかったのです。貴族のような裕福な人間は子どもの時からフランス語や楽器を家庭教師や個人教授で習いますが、ほぼ誰でも入学できる音楽院ができたのは、一九世紀もかなり終わりに近くなってからでした。皮肉なことに、いったん音楽院ができあがると、その効果は絶大で、ことにソ連の時代には飛びぬけた技量を持つ演奏家を次々に世に送り出しました。

パリ音楽院、ジュリアード音楽院などなど、世界には偏差値七〇とでもいうのでしょうか、名門の音楽院があります。が、そこを卒業しないと世界的な音楽家になれないというわけではありません。

西洋の音楽院に当たるのが、日本では音楽大学ということになります。ただし、まったく同じというわけではありません。日本の音楽大学に進む人は、そこで音楽の勉強をし、また若干の教養的な授業も受けます。が、ヨーロッパの場合は音楽院とは別に、大学に通って哲学や歴史などを学ぶ人も多いのです。楽器はできて当たり前。それ以外のこともよく知っていることが、人間の幅となり、深さとなります。

音楽院がまだなかった時代、モーツァルトやベートーヴェンはもっぱら親によって音楽の手ほどきを受けました。ワーグナーにしても、作曲法に関しては自分で試行錯誤しました。もしかしたら、あまりにも効率的な学校教育は、個性を押し殺してしまうのかもしれません。有名な先生に習い、音楽院に通い、作曲や演奏の力をつけて、賞をもらう。こういうルートでは、常識を常識とも思わない奔放《ほんぽう》な芸術家はなかなか育たないでしょう。フランスでは、パリ音楽院を卒業し、ローマ賞という作曲の賞をもらうのが理想的なキャリアだったのですが、ラヴェルのように突き抜けた才能の持ち主は、かえって容易に受賞できなかったのです。二〇世紀の日本でもっとも国際的な評価を得た武満徹《たけみつとおる》、また独特の抒情美で人気を得た吉松隆《よしまつたかし》のような作曲家も、一般的な音楽アカデミズムからは遠いところで自分の音楽を紡ぎました。

いずれにしても、いろいろな音楽家と知り合って私が思ったことは、将来どんな仕事をしようかと考えるような人は音楽家には向いていないということです。はっきりと自分は音楽家になるのだ、それが当然でそれ以外の道はないのだと思い込める人でなければ、音楽家にはなれません。どの程度成功できるのか、そもそも成功できるのかもわからない世界です。手に不具合が生じれば、楽器は弾けなくなりますが、そういうことを心配する人は向いていません。

そして、演奏家にとって何よりも大事なことは、今この瞬間に燃え上がり燃え尽きること。演奏家と話すと、過去のことをあまりにも簡単に忘れているので驚かされます。終わったことにはもう関心がありません。それより今、あるいはほんの少し先のことが大事なのです。

音楽についての文章

昔は、音楽についてものを書く人は「音楽評論家」と称していました。いや、自称しなくても、まわりで勝手に呼んでくれました。

しかし、評論家という言葉はあまりに権威主義的で偉そうな感じがしたので、「音楽ジャーナリスト」を肩書にする人たちが出てきました。

とはいえ、戦場ジャーナリストのように命を危険にさらしたり、変名で企業に潜り込んで真実を暴くわけではありません。そこで、今では「音楽ライター」を名乗る人が増えました。ライター、書く人とは、何とも軽いですね。責任を持ちたい、自我を表現したいという感じが全然しません。猫も杓子《しゃくし》も評論家を称するのもいかがかと思いますが。

いずれにしても、このような人々が広告、雑誌、ウェブなどでいろいろな文章を発表して、音楽産業の一角をなしています。おかげであちこちに誉《ほ》め言葉があふれています。まるであらゆる演奏家が大芸術家であるかのようです。でも、すごい人がそんなにたくさんいるものなのかな?

このような人々は、音楽をたいへん愛している善意の人が多いのですが、それゆえに賛辞のインフレーションが生じるのです。いつもいつもみなが褒《ほ》めていては、せっかくの褒め言葉の価値が減ってしまいます。

欧米では、厳しい内容を厳しく言うことも大事な表現法、表現術なのですが、（ことに現代の）日本はゆるやかな微笑み合いの社会がよしとされるので、このような状況が加速しました。日本でも昔は評論家たちが激しく議論したり、気に入らない演奏家の人格を全否定するようなこともよくありました。デモやストがまださかんに行われていた時代のことです。

何を言いたいかって？　ひとの審美眼はまことにさまざまでありまして、私が「なんてお粗末な演奏なのだろう。音が鳴るたびに問題点をいちいち指摘できるくらいだ」と思うような演奏に、涙を流して感激している人もいるのです。どちらが正しいのでしょうか。女性や男性に対する好みがいろいろであるように、いろいろであるほかないのではないでしょうか。

自分が感じていることに近い評論家なりジャーナリストなりライターなりを見つけたら、その人の意見を参考にするのは、知識や経験を増やしていくためにはよいでしょう。たくさんの曲や演奏家を知ると同時に、こういう音楽をこう言葉で表すのかというぐあいもわかってくるかもしれません。

第二章　クラシック音楽の「聴き方」

どうやって聴くか？

という問いは野暮でしょうか。若い人なら、スマホでイヤホンが当然？　かもしれません。昔はFM放送というのも大事な手段でしたが、今ラジオを好んで聴く人はそう多くはないでしょう。私は車の中で聴くのが好きですが。ふだん自分が選ばない曲や演奏家を知る大事な機会です。

それはともかく、ここで端的に私が問いたいのは、CDで聴くか、オンラインの音源で聴くかということなのです。ある程度の年齢の人は、CDやレコードといったモノがないと何となく落ち着きません。が、若い人はそんなことはないでしょう。

新しい技術は、もし有効なら、用いたほうがいい。オンラインの活用を避けるべきではありません。無料であれ、有料であれ、実に珍しい曲や演奏が、容易に見つかるからです。コツコツとCDやレコードを買い集めて来た人たちにはショッキングですらあります。

無料の音源のクオリティが一定ではないのは、また版権などの問題があるのは言うまでもありません。ならば、ひと月に若干のお金を払って有料で聴くほうがベターです。CD一枚にも満たない金額で、無限と言ってよいほど多くのものが聴けるのですから。

ですが、私は初心者にはあえてCDをお薦めしたいと思います。何なら、これはという曲や演奏家をオンラインで聴いてみて、気に入ったものだけを買ってもいいのです。というのも、オンライン音源は、ものすごいデータ量なのではありますが、曲名の表示、演奏家の表示、楽章や曲の構成のわかりにくさという点で、とてもではないですが初心者の手には負えないからです。たとえば、ショパンのCDを買えば、ピアノ・ソナタが四つの楽章でできているとか、『二四の前奏曲』がどういう二四曲なのかとか、一目見てわかるのです。目下のところオンラインでは日本語と外国語が混在していたり、表記の仕方が混乱していたり、文字通りカオスです。

日本盤を買えば、曲の説明もついています。さらに、演奏家の経歴や、それがいつどこで録音されたかも記してあります。ウェブ上でも見つかるデータかもしれませんが、それをいちいち検索して確かめるのは、めんどくさいし、勘違いも起きます。

そして、人間の記憶は、さまざまな感覚と結びついているものです。なるほど音楽は耳の愉しみではありますが、CDを手にすれば、その感触、重み、デザイン、さらにはそれをどこで買ったか、どんな状況だったか、誰といっしょだったか、アルバイトしたお金だったかとか、そういうことが全部ひっくるめて記憶にインプットされます。音楽を聴くことは、人生の一部であり、決して耳からの情報だけの問題ではありません。私なども、ちょっと古びたCDやレコードを久々に手にすると、昔の思い出が蘇ったりします。そういうこともあって、もはや聴く可能性がほとんどないであろうCDやレコードも手放せないでいます。

ある程度知識がついたら、たとえばアルゲリッチが弾く『二四の前奏曲』が身体にしみ込んだら、ほかの演奏を聴くために、そうしたいならオンラインで聴けばよいのです。

また、月にいくらという定額制度は、アーティストにとっては決して嬉しいものではないことも付け加えておきましょう。お得に聴けるということは、損をしている人もいるということです。

音楽家やレコード会社が一枚のCDのためにかける労力や情熱は、おそらく一般の人々の想像以上です。その一枚のCDを、たとえば安売りされただけでも彼らはひどく傷つきます。もちろん客には客の言い分があるわけですが、本でも何でもそうですけれど、誰かがお金を払わないと、なくなってしまいます。音楽も、ごく少数のスターと、あとはアマチュアばかりという世界になってしまうかもしれないのです。

でもナマがいい？

録音は、すばらしい発明です。私も大いにその恩恵をこうむっています。

しかしながら、頭のすみっこにはいつでも、「これがナマで聴けたら、もっといいな」

という考えが潜んでいるのです。特にCDやオンラインで聴く演奏がすばらしければすばらしいほど。

私のように、ナマが大好きという人はたくさんいます。けれど、クラシックにたいそう熱意を抱き、知識も理解力もあるのに、コンサートより録音が好きだという人も少なくありません。神経質な人が多いかなという気はします。となりの客が気になるとか、好きな席にすわれないとか。自分の都合通りにいかないとか。それはそれで理解できます。

それにナマは高いのです。ごくおおざっぱに言って、東京で一流とされる演奏家を聴こうと思ったら、一万円は覚悟しておいたほうがよいのです。一流オーケストラをいい席で聴こうと思ったら、二、三万円は当然です。定額のオンラインサービスだったら、ほぼ二年分かもしれません。

ただし、これも人の好みはいろいろで、絶対にいい席でなければ嫌だという人もいれば、ぎりぎりの予算で行ける限りたくさんのコンサートに行こうとする人もいれば、裕福なのにコンサートは高いと文句を言う人もいます。

自分が好きなようにすればよいとしか言いようがありません。ナマで一回限りのすごい演奏を聴いてしまうと、もうナマから離れられない。そう言えれば話は簡単なのですが、必ずしもそうでもないのです。

ただし、ピアノでもオーケストラでも、一級の演奏をナマのステージで体験してみてください。文学、科学などなど、いろいろな分野に天才がいますが、本当の天才たちが、場合によってはあなたの目の前二メートルのところで最高の仕事を見せてくれるのです。その圧倒的な存在感は、せっかくこの世に生まれたのなら、ぜひとも経験しておくべきです。そして、もし彼らの調子がよくて、機嫌がよくて、コンサートに来てくれた人たちのために、自分のすべて、自分のベストを差し出そうとする瞬間——それはこのうえない幸福の瞬間です。もはや金額の問題ではありません。そこに来られること、いられることがもっとも大事であり、逆にそう思えない人は死ぬまでコンサートの本当の歓びを知らずに終わるでしょう。

オーディオ

昔は、大のクラシック好きというと、家には大掛かりなオーディオ装置があるというイメージでした。実際、自分である程度稼げるようになったら、そういう環境を作るのが愛好家の理想でもありました。

とはいえ、たとえ裕福でも、郊外の一軒家よりは都心のマンションを選ぶ人も多い現代において、すばらしい装置を好きな時間に好きな音量で思う存分鳴らして音楽を楽しめる人はそう多くはないでしょう。子どもが受験勉強しているとなりで、大きな音は出せません。財布の事情、家族の事情、いろいろあるものです。

実は私はそもそもオーディオには興味がなかったのですが、オーディオ雑誌に執筆するようになってからその世界のすごさというのが徐々にわかってきました。当たり前と言えば当たり前なのですが、多くの人が人生を賭《か》けて打ち込むものですから、やはりそこには圧倒されるしかないという高い境地があるのです。本当に目の前に歌手やピアニストがいて歌ったり弾いているような感じがします。何という生々しい幻影。私も含め、おそらくほとんどの人が知らなかった境地があるのです。もっと若いうちにこんな境地があることを知っていたら、家を建てるときにオーディオルームのことも当然考えたことでしょう。もっとも何事も高い境地に達するためには、お金があればすむというものではなく、積極的な関心や試行錯誤が不可欠であることも疑いなく、人生の限られた時間の中で多方面を極めることはできるものではないのですが。

ですので、ごく簡潔に記します。あなたがいる環境で可能な限りよいオーディオで聴くほうがはるかに愉しいはずです。今は難しくても、将来いつかは、と漠然とでも考えていて悪くはありません。

イヤホンで聴いているのなら、もうちょっとよいものを。パソコンで聴いているのなら、外付けのスピーカーとアンプを。これだけでもまったく違います。自分が持っているCDや音源にはこんな音が入っていたのか、こんなに美しい音楽だったのかという驚きと満足が得られます。逆に、そうやって理解が深まっていくのも愉しいことです。もしあなたがたいへん裕福で、一番よいものをくれと言って買いものをしていたら、あなたはいろいろなことに気づかないままかもしれませんし、ありがたみも感じないでしょう。一歩一歩理解が深まっていくのは、趣味の世界ではこのうえない悦びなのに。

ホール

世界的なポップ・スターの公演や格闘技のイベントでは、スタジアムのような数万人規模の巨大な会場を満員にできることがステータスとされているようです。

しかし、クラシックの世界は、この種の常識から隔たっています。オーケストラのコンサートが行われるホールは、定員が二〇〇〇人強くらいの広さです。電気を使わず、オーケストラやピアノが出す一番小さな音から爆発的な大きな音まで、ナマの音で堪能してもらうためには、これくらいが限界なのです。いかに人気があり、チケットがすぐさま売り切れになる演奏家でも、「ならばもっと広い会場で演奏しよう」とはならないのです。人気指揮者のヘルベルト・フォン・カラヤンは例外的にそのような人でしたが、おかげで

「金の亡者」というような悪評を浴びせられました。

オーケストラほど多くの演奏家が登場しないコンサート、たとえば管楽器や室内楽のコンサートは、もっと小さなホールのほうが向いています。歌の場合も、小さいホールで歌ったほうが、聴衆に親密に語りかけるような雰囲気になって好ましいのです。そのため、東京や大阪など国内主要都市には、小さめのホールもいろいろあります。なかにはビルの中にあって、知らない人にはそこに音楽ホールがあるとわからないような会場もあります。特にそのような小規模会場での公演は売り切れになりやすいので、早めにチケットを買うことが必要です。

ところで、クラシック専用とされるホールと、そうでないホール（多目的ホールと呼ばれます）は何が違うのでしょうか。クラシックのホールは、残響に特徴があります。ヴァイオリンの音が艶《つや》やかに、また豊かに響いたり、かなり離れている歌手の声がくっきりと聞こえてきたりします。しかも、その音色が、ホールによってまったく異なることは、たとえば東京で人気があるサントリーホール、東京オペラシティ・コンサートホール、東京文化会館などに足を運んでみればすぐにわかります。立地条件がいいに越したことはないですが、駅から至近のオペラシティや東京文化会館よりも、サントリーホールの人気が高いのは、ここの響き方が愛好家に好まれているからです。同じ演奏者が同じ曲を演奏しても、サントリーホールのチケットが一番よく売れるのです。

　こうしたホールの残響の基準は二秒程度です。この二秒というのは、世界の名ホールに共通する、経験から得られた最適値なのです。これはなかなかに長い時間です。しかも長い時間響いていればよいというだけでなくて、質も大事です。音色の美しさに加えて、音がきれいにすうっと消えていくようでなくてはなりません。そうでないと、次々に音が重なり合って、ごちゃついてしまいます。

　そして、実のところは、オーケストラのためにはこの二秒程度がたいへんよろしいのですが、ピアノや歌はもうちょっと短めのほうがよいというふうに、なかなかややこしいのです。ピアノは音が伸ばせない楽器ですから、音符の数が多くなります。残響が長すぎると、それがどろどろに混じってしまうのです。歌の場合は、子音の鋭さが失われます。

　あまりたくさんの人が試みるとホールは困ってしまうかもしれませんが、もし早めに着席して、周囲にあまり人がいないようなら、手をパンと一度打ってみてください。響きの感じがよくわかるでしょう。

　クラシックのコンサートでは、客は静かにしていなければならないというのは、この会場の響きのよさも関係するのです。演奏中に誰かがプログラムやバッグを床の上に落とそうものなら、それこそ会場全体がびくっとするくらいの音がするのです。もちろん咳《せき》のひとつ、それどころか近くの人の呼吸の音とか。

静かの意味

世界でもっとも静かな聴衆は、日本の聴衆であると長いこと言われてきました。海外からやってきた音楽家がびっくりするのです。二〇〇〇もの人がそこにいるとは信じられないくらいの、完璧な静けさが作り出されるのです。すごいことだと私も思います。特に、演奏家が感動的な音楽を鳴り響かせたあとなど、怖くなるほどの静けさが会場を満たします。静か、とは、音がないから静かなのではありません。それなら、究極の静けさは、人がいない空間でしょう。そうではなくて、二〇〇〇人もいるのに静かなのです。そのことの特別感や重みを、ぜひ会場で体験してみてください。

実は日本人が世界的にもまれなくらい静かに音楽を聴くのは、音楽の音も、そのほかの音も、同じように敏感に聴き取っているからだという説があります。たとえば、誰かと会話をする場合を考えてみましょう。周囲の雑音がまったく気にならないわけではないにしても、おのずと声だけに集中して聴き取ります。本当は、音楽もそのように聴くことができれば、雑音があまり気にならなくてよいのですが、すべての音を聴き取ろうとするあまり、雑音に対しても敏感になってしまうというのです。

演奏の最中の雑音はまったくゼロにはできません。いくら客席が静かにしたところで、演奏家は楽譜をめくらなくてはいけないですし、演奏のためには体を動かすのですから、衣擦《きぬず》れの音、指揮者の足音など、どうにも避けようがありません。また、力むと声や呼吸の音がしてしまう演奏家もたくさんいます。いや、むしろ息（の音）で合奏を合わせている人たちも多いのです。注意して聴くとCDにもこうしたノイズが記録されていることがわかります。

とはいえ、やはりコンサートに行く際には、金属がじゃらじゃらと音を立てるようなバッグや装身具などは避け、傘は預けたり、床に置いたりして他人を不愉快にしないくらいの気遣いはすべきです。

チケットは、現在ではインターネットで買う人がほとんどかもしれません。でも、残念ながら、インターネット上では今買える席がどんな感じだかわかりにくいのです。いきなりホールのシートマップが表示されて、選べと言われても、知識や経験のない人は困ってしまうでしょう。席のチョイスをお任せにすることもできますが、本当にいい席が割り当てられるのか信用はできないと考える人も少なくないでしょう。

客席の写真なども検索すれば簡単に見られますから、一階席はどうか、二階席はどうかなど想像しておくのがよいでしょう。

言わずもがなかもしれませんが、小柄な人は、前に巨体の人がすわると、一晩が不快なうちに終わってしまいます。前に席がないとか、床が傾斜しているとか、視界を遮られない席を選びましょう。音楽においてもっとも大事なのは、よく聞こえることではありますが、目から得られる情報は、特に初心者のうちは大事です。

わからない人は、ホールに電話をしてチケットを買ってもよいのです。電話なんてローテクなようですが、経験が少ない人にとっては、いろいろ教えてくれる人に尋ねるのが無難です。

それと、何事も最初から完全にうまくいくなどということはめったにありません。経験、試行錯誤が大事なのは何に関しても言えることです。好き嫌いも無視できません。かぶりつきにすわるのが好きな人もいれば、やや離れたところで俯瞰するのが好きな人もいます。

ただ言えることとは、ウェブサイトでチケットの売れ行きを見ていると、どの席が人気があるかがわかります。すぐに売れてしまうのは、値段は高いがよい席、でなければ安い席です。ほぼ売り切れに近いのに残っている席は、あまりよくない席だと考えてまずは間違いないでしょう。知っている人たちは、よい席、お得な席から買っていきますから。

屋外のコンサート

ヨーロッパでは長いこと、クラシック音楽の一年は秋に始まり、冬を経て、春までというのが常識的でした。つまり、寒い時期の娯楽なのです。

とはいえ、音楽家のみながみな、夏の間二ヵ月も休むほど懐《ふところ》があたたかいわけではありませんし、やっぱり音楽好きですから、演奏もしたい。ということで、屋外のコンサートも開催されます。特にリゾート地のイベントになっているケースが目立ちます。

日本よりも高緯度のヨーロッパの夏は、太陽が出ている時間が長く、日本ほど湿気もありませんから、実に快適です。そのようなときは、建物の中で音楽を聴くよりも、屋外のテーブルでのんびりするほうが気持ちがいいのです。昨今は世界中のホールはたいがい空調が完備されており、夏だからといって特に不快なことはめったにありませんけれど。

ただ、実際にそのような場所で聴いてみれば誰でもすぐ気づくことですが、楽器というものは、よく響くホールで聴いてこそ美しいものです。ですから、野外コンサートの類は真剣に音楽を聴くというよりも、リラックスした夕涼み程度に思っておいたほうが、がっかりしないですむかもしれません。イタリアやフランスの古城や修道院の中庭で行われるコンサートなど、もちろん風情はありますけれどね。

日本の夏は暑すぎて屋外コンサートができる場所はごく限られます。行楽地の人寄せとして企画されることも増えました。湿気があったり、蚊がいたり、必ずしも鑑賞の環境としてすぐれているわけではありませんが、期待しすぎない程度の気持ちで訪れるのは悪くないでしょう。

最初のコンサート

では、まずはどんなコンサートに行ったらよいのでしょうか。

モーツァルトが好きならモーツァルトのコンサートがいいですね。ドヴォルザークの『新世界から』が聴きたかったら、それが取り上げられるコンサートを選ぶべきでしょう。当たり前です。

しかし、まだそれほどまでに強い関心の対象がないのなら、あるいはやはりあまり詳しくない人といっしょに行くなら、短い曲をたくさんやるコンサートがよいのかもしれません。たとえばワルツをたくさん演奏する催しです。長い時間座禅を組むのが趣味というのでもなければ、たいがいの人は完全に静かにしたままで一時間を過ごすということには慣れていません。でも、一〇分ならさして困難なくできるでしょう。また、たくさんの曲が演奏されれば、その中にすてきな曲が見つかるかもしれないし、自分の好みの方向性もわかるでしょう。

といったことは、実はすでにいろいろな本などの中で多くの人が書いていることかもしれません。間違いではないと思います。

しかしながら、まったく逆の方向もあると思うのです。つまり、いきなり本格的な大作を聴きに行くのです。たとえばマーラーの交響曲第二番『復活』。これは一時間半近くかかる大曲です。モーツァルト作品の倍はあろうかという大編成のオーケストラのほかに、女性の独唱者二人、合唱団、パイプオルガンまでも必要という、ひとことで言えば、大きくて、長くて、くどくて、おおげさな音楽です。

そんな作品を聴けという意味は、どうせアメリカに行ったのなら、和食などではなく、食べきれないほどの本場のステーキにかぶりついてみろというようなものです。これが本物なのだという事実に圧倒されてみろということです。もしかしたら、嫌になってしまうかもしれません。それならそれでよいではないですか。クラシックを聴かないからといって、生きていけないわけではありません。本物はすごいな、またああいうのを聴きたいなと思えればなお結構ですが。

ちなみに『復活』は意味もなく大きくて、長くて、くどいわけではありません。まだ自分の人生が固まっていなかった作曲者が、たとえ死んでも生き返るのだと自分を叱咤《しった》激励《げきれい》するような音楽なのです。

私がこの曲を初めて聴いたのは中学生のとき、ラジオによってなのですが、こんなに力強く輝かしい音楽があるのかと肝をつぶしました。ラジオで聴いてもそれくらいインパクトがあるのなら、ナマならいったいどれほどか。

本当にすごいものは誰をも圧倒する。残念ながら、そうは言えません。通にならないと理解できないすごさもたくさんあります。しかし、『復活』のすごさは、多くの人に理解しやすいすごさだと思います。

厳粛な個所もあれば、ゆったりとやさしい個所もあります。軽快で諧謔的《かいぎゃくてき》な音楽も含まれています。天高く歌う鳥が聞こえます。神のラッパが聞こえます。地獄の阿鼻叫喚《あびきょうかん》もあれば、天国の光が差すところもあり、荘厳な宗教音楽のようなところもあります。ミケランジェロがヴァティカンのシスティーナ礼拝堂の天井に描いた『最後の審判』のようだと言っても過言ではないでしょう。

あまりおもしろくないと思うところでは、何となくぼんやりしていても構いません。八〇分の中には、印象的な部分がいくつかあるはずです。そして、作曲者が、交響曲とは宇宙の表現であるという信念を持っていたことがよくわかるでしょう。長い時間のはてにとてつもないクライマックスが到来することの快感もわかるでしょう。そして、感激した聴衆の喝采《かっさい》……。

ところで、そんな幸福も、気持ちや体調が万全でなければ、満喫できません。会場にはぎりぎりではなく、余裕をもって到着しましょう。ロビーでコーヒーでも飲んでリラックスしましょう。

第三章　クラシック音楽の「種類」

ジャンルの話

ピアノで弾く曲がピアノ曲。オーケストラが演奏する曲がオーケストラ曲。これは説明するまでもないですね。ただし、オーケストラは、日本語では管弦楽団と呼ぶので、管弦楽曲と言うことが多いです。

それと、交響曲は、オーケストラで演奏するのが基本なので、オーケストラ曲に含まれそうですが、これだけ独立して、交響曲というジャンルを形成しています（言い添えると、日本では、です）。これに関しては後述します。

協奏曲とは何でしょう？　複数の楽器で演奏する曲なら、どれもみな協力して奏でそうなものですが。これは、もともとは欧米ではコンチェルトと呼ばれているジャンルで、オーケストラに加えて、独奏楽器がひとつ（あるいは複数のときもあります）という演奏形態の音楽です。イメージとしては、独奏楽器は華やかな主役で、オーケストラはそれを盛り立てる応援隊といった感じです。実際のコンサートを訪れると、独奏者は指揮者の真横で、女性ならばたいがいは色も鮮やかなドレスを着て演奏します。独奏者はものすごいテクニックを披露しますし、はでな見栄《みば》えのせいもあって、クラシック音楽の中でもっとも華麗なジャンルとも言えるでしょう。

室内楽とは、よくわからないネーミングです。クラシックは普通はホールや劇場など、屋内で演奏されるわけですから。この「室内」とは英語では「チェンバー」という語です。つまり、普通の部屋ではなくて、広間とか、宮殿の中の部屋とか、議院といった意味を持つ言葉です。ほかにもいろいろな歴史や文化的背景がある言葉なので、詳しく語り出すときりがありませんが、オーケストラよりはずっと小規模な、数人（最大で八人くらいが目安）で演奏する音楽とお考えください。

言い換えると指揮者がいないということ。指揮者が全体を統率しなくても、演奏者たちが互いの様子を感じながら演奏できる規模ということです。当然、演奏会場もあまり大きな場所は向いていません。

このジャンルのもっとも典型的な例は、弦楽四重奏です。ヴァイオリン二つ、ヴィオラ、チェロという四つの楽器がお互いを向き合って、緊密な合奏を織りなします。ハイドン、ベートーヴェンやショスタコーヴィチなど、このジャンルに特に力を入れた作曲家は少なくありません。

また、ヴァイオリン・ソナタ、チェロ・ソナタ、フルート・ソナタといった、ピアノとほかの楽器の二人で演奏する形態もこのジャンルに含まれます。

ふたりがピアノを弾く連弾曲は室内楽？　そのはずですが、あまり室内楽とは言いません。ひとつのピアノをふたりで弾く場合と、ひとり一台のピアノを弾く場合とがあるのですが、室内楽に分類されることもあれば、ピアノ曲扱いのときもあります。

声楽曲というのは、その名の通り歌です。合唱曲は、文字通り合唱のための曲ですが、歌曲はほとんどの場合ひとりで歌います。歌曲と言った場合は、特にドイツ語でリートと呼ばれるものであることが多いです（ドイツ・リート）。芸術歌曲と訳されたりします。歌は、人間にとってもっとも基本的な音楽ですから、いろいろな歌が世界中には存在していますが、特にリートは芸術性が高い歌とされています。独唱者とピアノの二人で演奏されることがほとんどですが、たまに伴奏をオーケストラが務める曲もあります（逆に本来はオーケストラ伴奏の曲を、ピアノで奏することもあります）。

オペラは、早い話が、台詞《せりふ》を歌う音楽劇のことです。これに関しては拙著『オペラ入門』（講談社現代新書）などをご参照ください。

現代音楽については、後述します。

曲名

クラシックでは、『田園』とか『悲愴』とか『未完成』とか『楽興の時』といった、作品の内容や特徴が想像できる名前がついている曲があります。その一方で、『交響曲　ニ短調』『ピアノ・ソナタ　ロ短調』、それどころか、単に『ヴァイオリン協奏曲』と呼ばれる曲もあります。『ヴァイオリン協奏曲』だなんて、ジャンル以外何の情報もない、それこそのっぺらぼうのような曲名です。

もっと魅力的な名前をつければいいのに。そう思う人もいるでしょう。エリック・サティや武満徹のような人々は、「何だろう？」と気を引くような曲名をつけました。『干《ひ》からびた胎児《たいじ》』なんて、一度見たら忘れない曲名です。ところが、こういうほうが例外的なのです。

というのも、音楽の本質がかかわってくるのです。音楽とは、音楽でしか表現できないもの。言葉で言いかえることはできないもの。絵のように音で風景を描写した作曲家はいますが、音楽的な美しさが伴っていなければ、何の意味もありません。

ですので、純粋に音楽の美や力で勝負したい作曲家たちは、具体的な名前をつけることを嫌う場合が多かったのです。『未完成』は、作曲したシューベルトではなく後世がこう呼ぶようになったわけだし、『悲愴』はチャイコフスキー自身ではなく、弟のアイデアでした。ドヴォルザークの『イギリス』という交響曲は、本来イギリスとは何の関係もない音楽で、単に楽譜がイギリスで出版されたからこうなったというのもふざけた話です。

最初は事細かに言葉で説明をしようとしたのに、あとになるとそれをみな削除して最低限の曲名だけを残すという例も見受けられます。やはり作曲家は、言葉のイメージに縛られないで音楽自体を聴いてもらいたいのです。

『火の鳥』『フィガロの結婚』などは、バレエ音楽やオペラですから、具体的なストーリーにのっとっており、タイトルがあります。

作品番号

CDやコンサートの広告などを見ると、作品番号というものが記してあります。放送においても、必ずと言ってよいほどアナウンサーが読み上げます。ベートーヴェンの場合は、『交響曲第九番　ニ短調　作品一二五』などと書いてあるので、「これは九番目に書いた交響曲で、創作全体からすると、一二五番目なのかな」と推測できます。実際には、必ずしも作曲年代順に番号がついているわけではないのですが、何となく見当は付きます。

しかし、バッハの場合は『ゴルトベルク変奏曲　BWV九八八』などと書いてあるのです。BWVは暗号なのでしょうか。いえ、これはバッハ作品番号と言って、バッハの全作品に振られているのです。大作曲家の場合は、学者などが壮大なリストを作り上げて、各曲に番号を割り当てているのです。モーツァルトの場合は、ケッヘル番号と言って、たとえばK.六二六などと記されます。これは絶筆になった『レクイエム』です。同様にシューベルトにはドイッチュ番号というのがあって、D.九六〇というように記されます。これは最後のピアノ・ソナタを示しています。

ケッヘル番号、ドイッチュ番号などなくてもたいがいは困らないのですが、中には混同しかねない曲もあるので、そんな場合には役立つのです。

楽章

クラシック音楽が独特なのは、一曲と言いつつ、一曲ではないことです。いや、一曲なのですが、その中に三つも四つも異なる音楽が含まれているのです。

一般的に、「曲」という言葉からイメージされるのは、数分間続いたら終わる音楽でしょう。クラシックでもそういう曲があることはあります。数分、ものによっては数十分も続くのですが、休みなく奏されます。スメタナの『モルダウ』という曲は、川が源流から流れ出て、大河に至るさまを描いており、いろいろな音楽が出てくるのですが、途切れなく続く一〇分強の曲です。

しかし、それよりもおそらくははるかに多いのが、一曲と言いながら、事実上三曲あるいは四曲のように見える音楽です。たとえば、ベートーヴェンに『月光』と呼ばれている有名なピアノ作品があります。暗鬱な闇の中で月の光が揺れるような音楽は、まさしく『月光』という名前が似合っているのですが、実はこれは作品の最初の部分なのです。そのあとで、もっと軽快で明るみを帯びた音楽になります。そして、最後は情熱に身を任せて激しく疾走するような、月光とはまったく関係なさそうな音楽となります。

つまり、クラシックの曲の多くは、劇で言うところの「幕」に似た考え方で構成されているのです。典型的な劇は、「第一幕　○○家の大広間」、「第二幕　○○嬢の寝室」、「第三幕　森」などというように、幕ごとに場所が変わり、雰囲気も異なります。間には休憩がはさまったりもします。しかし、全体としてはひとつの劇なのです。

クラシックも同様なのです。劇で言う「幕」を「楽章」と呼びます。先ほどのベートーヴェンの作品だと、第一楽章が月光のような音楽、第二楽章が軽快な音楽、第三楽章が激しい音楽というふうな仕立てになっていて、全体として一曲を構成しているのです。そして、コンサートでは、楽章と楽章の間では拍手をしない慣例です。曲全体が終わってからようやく拍手するのです。

一般的な交響曲では四つの楽章があります。でも、例外もあります。協奏曲は三つの場合が多いです。ピアノ・ソナタは三つ、あるいは四つ。作曲家によっては、連続性を重んじて、間を途切れることなく演奏するように指示したり、逆に五分以上の時間を置けと指示したりもします。

三つの楽章を持つ曲の場合は、速い、ゆっくり、速いという仕立て方がもっとも多いのですが、逆に、ゆっくり、速い、ゆっくりという可能性もあります。交響曲の場合は、速い、ゆっくり、舞曲、速いという四楽章構成が多い。いずれにしても、コントラストが大事です。違っているのに一体感があるというのも大事です。

交響曲とは？

オーケストラのコンサート予定を見れば、そこに並ぶのは交響曲。CD店やオンラインショップでも、まっさきに商品が提示されているのが交響曲。クラシック音楽の代名詞のようなものです。シンフォニーという言葉は、交響曲の英語です。というより、交響曲とはそのような外国語を日本語にしたものです。シンはシンポジウムと同じシンで、「いっしょに」という意味があります。フォニーはフォン、音ですから、いろいろな音をいっしょに出すということになります。もっともそれだけでは、大半の音楽に当てはまってしまいますね。

具体的には交響曲は、オーケストラが奏する音楽で、ほとんどの場合はいくつかの楽章から構成されています（一番多いのが四つ。ただし、続けて演奏する場合もある）。

モーツァルトは交響曲を第四一番まで書きましたが、おもしろいことに、彼の時代には、交響曲は必ずしも一番の人気ジャンルではなかったのです。それよりも、有名歌手が登場する歌とか、名人が弾く協奏曲のほうが大事で、交響曲はむしろおまけだったのです。例外はハイドンで、彼は人々を思わず微笑ませるようなユーモアを含んだ作品を次々に発表して、この分野における並ぶ者なき巨匠とされていました。

ところが、ベートーヴェンによって事情が大きく変化しました。ベートーヴェンは、最後に向かって盛り上がっていくドラマティックな交響曲を書いたのです。その効果は絶大で、以後、さまざまな作曲家がベートーヴェン風の、最終楽章（フィナーレ）において全エネルギーが爆発するような曲を書くようになりました。また、曲全体として、暗く始まって明るく終わるという、要するにハッピーエンド的な構成が好まれるようになりました。

ベートーヴェンの影響は甚大で、オーストリア、ドイツのみならず、フランスやロシアまでも呑み込み、およそ一〇〇年にわたって作曲家たちを呪縛したのです。また、交響曲はポンポンと簡単に書くものではなく、ひとつひとつが突き詰められたものでなければならないと信じられるようになりました。ベートーヴェンの交響曲は第九番までなので、これがひとつの基準となり、一〇曲以上書きたいという蛮勇の持ち主はなかなか現れませんでした。ショスタコーヴィチが、あえて軽妙な第九番を書いたときには、ひんしゅくを買ったほどです。

そういうベートーヴェン風のシリアスで重厚壮大な交響曲の極みが、ブルックナーやマーラーの作品で、聴く者を圧倒しつくすような巨大なクライマックスが作曲されました。長さも八〇分に達する規模となりました。また、ショスタコーヴィチは、社会主義が勝利へ向かう音楽として交響曲を書きましたが、本当に勝利を信じていたかどうかは大いに議論されています。

何はともあれ、ベートーヴェン以降の交響曲は時間にして最低でも四〇分程度ということが多く、コンサートではメインディッシュになります。慣れないうちは長く感じるかもしれませんが、四楽章構成なら、おおよそ各一〇分ということで、恐ろしく長いというほどでもないでしょう。

とはいえ、現代の愛好家が好むのはもっと長い曲です。気を持たせる時間が長く続くからこそ、最後の爆発はいっそう解放感を得るのです。

序曲・前奏曲の愉しみ

コンサートやCDなどで、「〇〇」序曲と表記されている曲があります。この序曲というものは、本来はオペラの最初に奏される数分から一〇分程度のオーケストラ曲です。現代においては、劇場を訪れるお客さんは、開演時間に遅れないように到着し、開始のベルが鳴るころには着席していなければなりません。上演が始まる直前にはドアが固く閉ざされ、遅れた人はロビーや通路で休憩まで待たなくてはなりません。もちろん、間に合って着席した人は、音楽が始まるときには、静かにしていなければなりません。特に意識しなくても、おのずとそういう雰囲気になります。

ところが、お客さんがいわばこのように礼儀正しくなったのは、それほど昔のことではなかったのです。開演後も出入りしたり、おしゃべりをすることも普通だったのです。そのため、わざわざ序曲というものが奏されて、客の注意を舞台に向けさせるようにしたのです。

というわけで、本当はオペラの真の魅力は、序曲が終わり、幕が上がってからの歌であるはずなのです。実際、ロッシーニのような作曲家は、同じ序曲を複数のオペラで使いまわししました。序曲には深い意味がないから、それでもよかったのです。

ですが、作曲家たちはだんだん序曲に力を入れるようになりました。ドラマの内容を暗示するような劇的で緊迫感がある音楽が書かれるようになりました。特にワーグナーは極端で、全体を集約したかのような濃密な序曲を書きました。当然、こういう曲は聴きごたえがあります。『タンホイザー』序曲、『さまよえるオランダ人』序曲など、これだけでおなか一杯といった感じがするほどです。ワーグナーのオペラは長いし、上演も鑑賞も難しいけれど、序曲だけなら、普通のオーケストラ・コンサートでやれます。

モーツァルトの溌剌《はつらつ》とした『フィガロの結婚』序曲、どす黒い邪気を放つ『ドン・ジョヴァンニ』序曲は、どちらも数分ですが、「こんな音楽を当時の人々はいいかげんな気持ちで聴いていたのか、なんともったいない」と思わせる魅力作です。

ただし、序曲と銘打っているものの、オペラに先行するわけではない、つまりただのオーケストラ曲であるという作品も少なからず存在します（演奏会用序曲）。その場合は一〇分程度で何かのストーリーやイメージを描くという程度の意味になります。

他方、前奏曲という用語もあります。序曲と前奏曲の違いは、特に意識する必要はありません。ただ、幕の前に奏されるのが前奏曲なので、第一幕の前奏曲、第二幕の前奏曲……というようにひとつのオペラの中に複数の前奏曲が存在する可能性もあります。ワーグナーの『ローエングリン』第一幕の前奏曲は、神秘的で静謐な音楽で、まさしく幻想的な中世の世界に招き入れられるようです。それに対し、第三幕の前奏曲は、輝かしくてダイナミックな旋風のような音楽です。これもまたワーグナーのゴージャスな『ニュルンベルクのマイスタージンガー』第一幕の前奏曲は、オペラの最後のクライマックスを先取りしていて、いや、先取りしすぎていて、最後の幕のクライマックスに至ったときに、「なんだ、これ、最初に聴いたじゃないか」といささかがっかりしてしまうほどです。

逆に、ドビュッシー『牧神の午後への前奏曲』はふわふわと夢の中をさまようような音楽で、おまけにオペラや劇につながるわけでもない、それ自体が独立した、オーケストラ・コンサート用の傑作です。

ソナタとは何か

クラシックを聴こうとすると、ソナタという言葉を避けては通れません。ピアノ・ソナタ、ヴァイオリン・ソナタ、チェロ・ソナタ……。それに、ソナタ形式。

ですから、簡単に説明しておきましょう。

ソナタ形式とは、ハイドン、モーツァルトらの一八世紀終わりごろから二〇世紀初頭あたりまでの作曲家にとっては、ぜひとも習得しておくべき形式でした。

主題というものが、最初のころは二つ、のちになると三つ出てきます。主題は、とりあえずメロディーと考えればよいです。その曲のその楽章の中に何度も出てくるものです（今、メロディーと書きましたが、リズムやハーモニーも含めた、一種の素材と考えたほうが正確ではあります）。

たとえば、ベートーヴェンの交響曲第五番『運命』で、最初に鳴り響くのが主題です。メロディーと呼ぶには単純すぎる気はしますけれど。だいたい、ひとつめの主題（第一主題）は勇ましかったり、性格が強めのことが多いのです。

しばらくすると、ふたつめの主題が出てきます。これはおとなしめで、控えめ、あまり目立たないことも多いです。そして、こういう性格が異なる主題がくんずほぐれつ、いろいろに姿を変えながら、盛り上がったり、静かになったりというプロセスを経て、最後、再び、今度はきっぱり決然とした感じで再登場します。

このようにソナタ形式はなかなかに手がこんだ書き方です。しかも、最初のうちは、モーツァルトのピアノ・ソナタのように、それほどでもなかったのが、ブルックナー、マーラーとなると、分析する専門家によっても意見が異なってくるくらいに複雑になっていくのです。そうすることによって、いっそうドラマティックで巨大なクライマックスを作れることがわかったからです。何人もの登場人物が出てきては消え、裏切ったり、絶望したりしたあげく、最後、すべてが明らかになる推理ドラマのようなものです。

クラシックは、このソナタ形式というものを発明したがゆえに、壮大な物語のような趣を得たと言っても過言ではありません。その点では、クラシックの基本にして要のようなものです。

ピアノ・ソナタ、ヴァイオリン・ソナタなどは、常識的には楽章が三つか四つあるのですが、このうち最初の楽章にソナタ形式を用いるのがお約束事でした。手の込んだ第一楽章、おだやかでシンプルな第二楽章、勢いでぐんぐんいく第三楽章というのが、よくあるパターンです。

実は交響曲とは、オーケストラ・ソナタとでもいうべきものですし、ある時代からあとの協奏曲も独奏楽器とオーケストラのためのソナタなのですが、特にそのようには呼ばないのです。

ついでに書き添えておくと、ロンド（形式）というのもよく見かけます。特に協奏曲の最後の楽章でよく使われています。これは、ABACA……という形の音楽です。たとえば、Aは軽快な部分、Bはそれとは趣を変えた部分、またAが戻ってきて、次は新たなCの部分、またAが戻ってきて……という形です。こう書くとややこしそうですが、ソナタに比べれば、シンプルです。

舞曲とは？

文字通り、踊るための音楽ということなのですが……。

クラシック音楽は、身体性を極力排除したように思えませんか。お客さんは身動きせず、咳を我慢してじっとすわっています。オーケストラの面々は黒いフォーマルな服。指揮者も燕尾服が普通。時折、妙に肌を露出したドレスの女性が出演したりするものの。

ところが、もともとは舞曲がたいへん重要だったのです。たとえば、バッハの名作に数えられている『管弦楽組曲』（特に第二番、第三番が有名です）は、複数の楽章から構成されているのですが、各楽章にはブーレ、サラバンド、ガヴォットなどと名前がついています。どれも踊りの種類なのです。テンポ、拍子、リズムなどが決まっているのです。

ハイドンやモーツァルトの交響曲でも、第三楽章はメヌエットであることが多いのですが、これももともとは素朴な舞曲です。

シュトラウス一家のワルツは、もちろん踊るための音楽でしたが、やがて大規模なオーケストラ音楽へと変容しました。

つまり、クラシック音楽の歴史とは、もともとの踊るための音楽から、プリミティヴな肉体の歓びを取り除いていって、精神の美へと移し替える歴史だったとも言えるのです。

変奏曲

変奏曲という言葉も、前述のソナタと同じくらいよく使われています。有名なところでは、バッハの『ゴルトベルク変奏曲』、モーツァルトの『きらきら星変奏曲』など。後者は有名な歌をもとにした愛らしい作品なので、初心者にもお勧めです。

曲の頭で、主題＝メロディーが奏されます。その後、この主題が少しずつ、あるいは大胆に形を変えながら、続いていくのです。そして、たいがいは最初の主題が戻ってきて、終わりとなります。

ひとつの主題の可能性を徹底的に追求する、それこそが作曲家の腕の見せ所です。たとえて言うなら、ひとつの素材を主人公にした○○尽くしという料理のコースのようです。ふぐはしばしばこのようなコースで供されます。刺身があり、焼いたり、揚げたり、鍋にして、雑炊にして……。

ですので、ひとつのことにとことん集中するマニアックな傾向を持つ作曲家が特に変奏曲を好みました。ベートーヴェン『ディアベリ変奏曲』は、主題は実につまらないのですが、そんなものをもとにしても自分はここまでやれるぞと言わんばかり、一種狂気を感じさせるまでに徹底的な変奏曲です。もう、聴いてくれるお客のことなど眼中になさそうです。

ブラームスもたいへん執拗《しつよう》な性格だったようで、オーケストラのための『ハイドンの主題による変奏曲』は、すてきな曲だなと安心して聴けるのですが、ピアノのための『ヘンデルの主題による変奏曲』は、私にはくどすぎます。二〇代でこんなくどい曲を書いたブラームスは、歳を取ったらさぞかし嫌みな中年になったのではないか、などと想像させます。

クラシックはくどい？

変奏曲について書いたついでに、こんなことも記しておきましょうか。

数分しか続かないポップスに慣れた人には、平気で数十分もかかるクラシックは、くどく感じられるようです。

それはあながち誤った印象ではないでしょう。クラシックの特徴あるいは魅力のうちには、くどさも含まれているのではないか。必要のないものは切り落としていくミニマリズムではなく、「過剰の美」の世界とも言えるのです。

『ゴルトベルク変奏曲』では一時間もかかる変奏曲を書いたバッハの絶筆となった『フーガの技法』という作品も、主題をああだこうだといじくりまわした、すごいと言えばすごいのですが、何ともしつこい音楽です。

ワーグナーのオペラは、平気で四時間もかかる代物ですが、長い理由のひとつは、途中におさらいコーナーがあることです。お客さんがちゃんとストーリーを理解できているのか、ワーグナーは心配だったのでしょうが、これまでの経緯をぐだぐだと復習してくれるのです。CDも存在しない時代においては、必須だったのかもしれませんが……。特に最後の大作『パルジファル』では、単純な旋律が繰り返されるありさまに、かつて熱烈な支持者だった哲学者のニーチェですら「年を取ってもうろくしているのではないか」という疑いを抱いたほどです。そのしつこい繰り返しの中に、長年かけて磨かれた技巧が表れているとはいえです。くどくてしつこい作曲家はドイツ系が多いのは、お国柄でしょうか。

しつこいと言えば、クラシックのコンサートに初めて行った人は、拍手が長く続くのに驚きます。演奏家が何度も舞台に出ては引っ込み、いったい何度おじぎをするのか。特に日本の聴衆は拍手が長く、また、新型コロナウイルスの流行以降は一回一回のコンサートのありがたさが痛感されるようになったこともあっていっそう長くなりました。作曲家もしつこいのですが、お客もしつこいのです。演奏家によっては「私はもう寝に行きますよ」というポーズを取ったり、腕時計を指さして「終わりですよ」と示したり、自分のほうから終わりを告げる人もいるほどです。もちろん、ユーモラスにですが。

演奏家が舞台を去り、ホールの照明が明るくなったあとでも、さらにしつこく喝采を続ける客もいます。音楽への愛、演奏家への感謝。すばらしいといえばすばらしい光景ではあるでしょう。

レクイエム

クラシックに興味を持つようになると、レクイエムという言葉をあちこちで見かけることでしょう。モーツァルトなど、何人もの大作曲家がレクイエムの傑作を書いているからです。

死んだ人の魂が永遠に安らかでありますように。地獄に突き落とされたりしませんように。そう祈るための音楽がレクイエムです。

どんな作曲家が作っても、基本のテキストは同じです。ラテン語によっており、レクイエムは、その歌詞の冒頭の言葉です。

昔は日本語で「鎮魂曲《ちんこんきょく》」と訳されていました。魂を鎮めるというと、この世に恨《うら》みを残して死んだ人の霊が出てきて悪さをしたりしないように、などという感じになってしまいますが、それとは意味合いが違います。

キリスト教では、神による「最後の審判」というものがいずれ起きることになっていて、生きている人も死んだ人も、神の裁きを受けるのです。そして、善き人は天上に迎え入れられますが、悪い人は永遠に地獄で苦しむことになるのです。そうはならないように、というわけです。

ラテン語で書かれているということはすなわち、カトリックの教義ということになります。しかし、宗教改革からあとは、カトリック以外にもさまざまな宗派が生まれ、広まりました。また、生や死に関する考え方も、一九世紀以降は変化が生じました。そこで作曲家は、お仕着せの歌詞ではなく、自分にとってはこれが真実だと表現するための音楽を書くようになりました。たとえば、ブラームスは『ドイツ・レクイエム』を書きました。歌詞はドイツ語だし、共同体的というより、明らかに私的な感覚で書かれています。また、ブリテンは『戦争レクイエム』という作品で、第二次世界大戦の悲惨を現代の言葉によって生々しく表現しようとしました。また、声や歌の入っていない、楽器だけの曲なのに「レクイエム」と称する作品も作られるようになりました。

死は、言うまでもなく、ひとりの人間、個人にとっての大問題です。しかしながら、同時に家族にとって、友人にとって、あるいは会社や地域にとっていろいろな意味を持ち得る、社会的・共同体的な事件でもあります。作曲家によって、あくまで個人の立場として書くのか、あるいは社会や共同体に寄せた視点から書くのか、それによって聴く者が抱く印象も大いに違ってきます。もっとも大掛かりなレクイエムのひとつは、ベルリオーズの作品ですが、政府や政治家との関係から生まれてきたこの作品は、何か空虚な壮大さを感じさせます。仰々しいが心がこもっていない儀式のようだと形容してもいいでしょう。一聴の価値はあります。

教会と宮殿と歴史

クラシック音楽がとっつきにくく感じられるのは、ヨーロッパの芸術の根っこにある教会と宮殿の歴史・文化を日本は共有していないことも大きな理由のひとつです。

もしみなさんがツアーガイドつきの旅行でヨーロッパを巡るとしましょう。どの国に行っても、必ず連れて行かれるのが教会と宮殿のはずです。町の中心にはそこで一番の教会があり、宮殿があり、劇場があるというのが、典型的な三点セットなのです。教会とひとことで言っても、宗派による争いがあったり、俗世の権力者との濃厚な関係があったり、決して清潔の一語で表せるものではありません。

そして、その近くには、こちらはあたりはばかることなく富と力を見せつける宮殿。これもまたきらびやかなだけでなく、陰謀や革命や戦争と無縁ではありません。つまり、教会と宮殿は、その町の歴史の縮図であり記憶装置でもあるのです。

ところが、日本からそうした教会や宮殿を訪れた人の大半は、最初のうちは、大きいなあ、立派だなあと感心しても、いくつも見ているうちに満腹感がしてくるのではないでしょうか。それはやはり歴史を知らないからなのです。だから、みな同じように見えてしまう。ルネサンス建築だろうがバロック建築だろうが、どうでもよくなってしまう。

日本の建物は木造でしたから、有名な寺でさえも、火事で焼失して建て直されたりしています。お城に至っては、戦争の場ですから、燃やされたり破壊されたりするのが当たり前です。そして、お城は侍の仕事場ですから、華美な装飾は必要ありません。

ヨーロッパの建物は石づくりが多かった。そのときの必要や、君主の考えや、時代の趨《すう》勢《せい》によって、増築や改良を施し、装飾を加えていくのです。たとえばヴェルサイユ宮殿でも、いくつもの建築様式が混交しているのです。

もしかしたら、そのようなことが背景にあって、歴史的な感覚や好奇心がヨーロッパと日本は決定的に異なっているのではないか。世界各地の名所に出かけると、世界中から観光客が来ています。ガイドの細かい説明に熱心に耳を傾けているのはヨーロッパの人たちなのです。ちなみに、観光ガイドブックの類を見ても、歴史に関する記述量の差は歴然です。

ドイツのロマンティック街道が日本人に人気なのは、テーマパーク的に何となく雰囲気に浸って、買い物をしていればいいからで、ややこしい歴史の説明を必要とする建物があるところではありません。また、ローマはヨーロッパでもっとも見どころが多い町ですが、日本人にはあまり人気がありません。古代ローマから現代までの歴史を知らなければ、そのおもしろさがわかりませんから。

ついでに言いますと、同様のことは美術にも言えまして、ヨーロッパの絵画は宗教的な名作が多いのですが、そうした作品は日本では受容がごく限られてしまいます。王侯貴族の肖像画も人気がありません。フェルメールが異常なまでに人気が高いのは、もちろん作品自体のすばらしさも理由ですが、彼の絵が宗教や偉い人の経歴とは無関係な、市民の家の室内画だということもあるのです。

またヨーロッパ諸国の教会や王家は互いに無関係ではなく、一種のネットワークを形成しています。たとえばウィーンやブリュッセルやアムステルダムについて知りたければ、スペインを無視できませんし、その逆でもあります。豪華なバロック教会が建てられた一因は、北方で起きた宗教改革の波が押し寄せてきたのに対抗するためです。

一生をドイツで過ごしたバッハの音楽には、イタリアやフランスの音楽の影響がありす。バッハのすぐそばで生まれたヘンデルは、イタリアで修業し、ロンドンで活躍しましたが、英独伊語を混ぜてしゃべっていたそうです。

気楽に音楽を楽しむのも結構ですが、もうちょっと詳しく知りたくなったら、途方もなく広くて深い歴史、そして宗教や哲学や文化の世界があなたを待っています。ヴェネツィアを訪れて、きれいな町だなあと感嘆するのは大いに結構、しかしその歴史を知ればなおいっそうおもしろい。クラシック音楽もそれと同じです。

「現代音楽」は現代の音楽？

クラシックの中には「現代音楽」と呼ばれているジャンルがあります。クラシック＝古典なのに現代音楽とは矛盾もいいところです。

では、これが最近作られたバリバリの新作のことかと言うと、まったく違うのです。代表的な作曲家、フランスのメシアン、ドイツのシュトックハウゼン、イタリアのベリオ、ギリシアのクセナキスといったように、ヨーロッパ各国がこの類の作曲家を輩出しているのですが、この人たちが活躍したのは第二次世界大戦あたりから数十年の間です。

つまり、この「現代音楽」（これは日本でそう呼ばれているだけではなく、英語でもコンテンポラリー・ミュージックと言っているのですが）は、現代の音楽という意味では必ずしもなくて、戦後のある時期からの、しばしば特定の傾向の音楽という意味なのです。

そして、この「現代」という言葉の中には、それまで当たり前だった、クラシックらしいクラシック音楽のやり方ではない道を行こうとする、という意味が含まれています。要するに、わかりやすいメロディーやハーモニーやリズムがないと言えば、乱暴ですが、当たらずとも遠からず。音楽に限ったことではありませんが、ふたつも世界大戦があって、価値観や感覚や世界観が大きく変わりました。今までの芸術のあり方でよいのかと疑問を持った人たちが、前衛、つまりこれまでにない道を切り拓く野心に燃えたのでした。

メロディーだとはわからないような音の不自然な高低、普通は嫌われる不協和音の多用など、多くの人は、こんな音楽はどう聴いてどう愉しむか見当がつきません。しかも、いかにも暗い感じのものも多く、長いことマニアしか聴きませんでした。また、こうした辛口の作品を書く人、聴く人、前衛を気取る人たちは、そうでないものを俗っぽくて迎合的だと批判したのです。

もっともそれもだいぶ前の話で、今は聴きやすい作品も評価されるようになりました。ポーランドのグレツキという作曲家が書いた交響曲第三番『悲歌のシンフォニー』は、その名の通り、確かに暗い曲なのですが、同時に簡明で澄んだ美しさを持っていて、世界的ヒット作になりました。マーラーやショスタコーヴィチに親しんでいる人なら、抵抗感なく受け入れられるでしょう。ペルトという作曲家は、宗教色が強いのですが、もっとも知られている『フラトレス』という曲は、それとは無関係に堪能できるでしょう。また、日本の吉松隆の『朱鷺によせる哀歌』は、静かな心の表にさざ波を立てる哀しみとでも言いましょうか、神秘的な美しさがシベリウスに通じます。この人は曲名にもこだわる人なので、どんなすてきな名前の曲があるのか、ご自分で探してみてください。

こういったしんみり系とは正反対に、アメリカのジョン・アダムズやフィリップ・グラスは、シンプルなメロディーやリズムを飽くことなく繰り返すミニマル音楽というもので、聴衆を魅了しています。たとえば前者の『ハルモニーレーレ』、後者の交響曲は、伝統的なオーケストラで奏されますし、それほど抵抗なく聴けると思いますが、ブルックナーやマーラーのようにクライマックスの高い峰を築くことをせず、ゆるゆるとした時間が過ぎていくのが不思議に気持ちいいのです。一種のドラッグカルチャーにも通じるのでしょうか、ヨーロッパで彼らの曲が演奏されるコンサートに行くと、客層がふだんのクラシックとはあまりにも違うので驚かされます。

「現代音楽」とは、絵画で言うならば抽象画。あるいは、人物の顔が歪んでいたり、変な色が使われているピカソの絵のようなもの。そう思っていればいいのかもしれません。そのような絵画は、伝統的な手法で人や自然を描くことが常識だった時代には、頭がおかしい人たちの戯れと思われていました。が、今は、「なんだかよくわからないけれど、なんだかおもしろい」的に気楽に見てもらえるようになりました。そんなふうに、必ずしも解説に頼らず、気楽に聴くのがいいようにも思えます。習うより慣れろ、です。一見変な音楽も、慣れてしまえばおのずとおもしろさや美しさに気づく。それは間違いありません。

第四章　楽器の話

オーケストラでの楽器の並べ方、人数

テレビなどで一目見ればわかるように、オーケストラは指揮者を要にした扇のような配置をしています。手前には弦楽器を並べ、管楽器はそのうしろ、打楽器はさらにうしろに置くのが常識です。ひとことで言えば、音量が大きい楽器はうしろに置くと考えてもよいのです。もしトランペットが客席に近いところで思う存分吹き鳴らしたら、弦楽器や木管楽器は聞こえなくなるでしょう。

こんなふうにもうすっかり姿ができあがっているようなオーケストラにおいて、楽器をどのように並べるかは、実は楽団や指揮者や曲によって異なります。いろいろ意図することがあってそうなるのですが、入門書である本書では詳細なことまでは立ち入りませんけれど、マニアはそのあたりに実にうるさいのです。テレビや動画で見たり、あるいはコンサートに行ったときに、どの楽器がどの位置に置いてあるか、観察してみてください。唯一の正解というものはないのです。一晩のコンサートの中で配置を変えることもあります。

オーケストラの楽員にとっては、いつもと違う配置だとずいぶんやりにくいので、かつてはこの楽団はこの並べ方と固定されていることが多かったのですが、近頃はより柔軟になっています。

しかし、そもそもオーケストラは何人で構成されているのでしょうか。実は、絶対にこれという数はないのです。ごくおおざっぱに言うと、時代が下るほど人数が増えていったと思ってください。たとえば、モーツァルトの一八世紀よりも、ベートーヴェンの一九世紀のほうが人数が多かった。そして、それよりも二〇世紀のマーラーやリヒャルト・シュトラウスのほうが多かった。そんなぐあいです。そして、現代の作曲家は、モーツァルトやベートーヴェンが知りもしなかった打楽器などを大量に取り込んだ曲を書いているので、さらに多くの演奏者を必要とする傾向があるのです。

どうして時代が下るほど人数が増えたのか。いろいろな説明が可能ですけれど、ひとつは、聴衆が変わり、会場が変わったからです。王国貴族やごく一握りの人が相手の場合、演奏される空間もそれほど広くはないので、何十人もの弦楽器奏者は必要ありません。ところが、革命や啓蒙運動によって、一般的な市民がますます音楽を聴くようになると、より大きな会場が必要となり、音量も大きくしなければなりません。

それに、人間は常に新しい、より強い刺激を求めるものです。ベートーヴェンが登場したころには、人々は「こんなにエネルギッシュで騒がしい音楽は聴いたことがない」と驚きました。ですが、それに慣れてしまっている世代は、いっそう大きな音、カラフルな響き、いっそうエネルギッシュな音楽を求めたくなります。

現代の常識では、コントラバスという一番大きな弦楽器が八本並んでいれば、それが弦楽器のフル編成と思っていいでしょう。大勢のヴァイオリニストを数えるのはたいへんなので、コンサートに行ったら、コントラバスの数を見れば、その日のオーケストラの規模がわかります。コントラバスのような低音楽器の奏者がたくさんいる場合には、バランスを合わせるために、当然ヴァイオリンなどもたくさんいます。管楽器の数も増えます。打楽器をどれくらい使うかは、作曲者によってまちまちです。

とはいえ、物理的な音量が大きければ音楽の表現力が増すなどという単純な話ではありません。たとえコントラバス二本の編成で演奏してもすさまじくパワフルな場合もあり得るのです。

また、指揮者によっては、日本でも人気があるチョン・ミュンフンのようにコントラバスを一〇本というような、通常より大編成を好む人もいます。

いずれにしても、曲、会場などのバランスが大事なのです。

オーケストラならクラシック?

映画音楽などでオーケストラが使われている例はたくさんあります。物語の壮大さを強調したい場合が多いようです。

オーケストラさえ使えば、クラシックと呼べるのでしょうか。むろん、そうではありません。

どこまでがクラシックなのかという線引きは必ずしも容易ではありませんが、ひとつの考え方として、「音楽が音楽自体のために存在している」という純粋性が挙げられると思います。つまり、何かほかのもののために存在しているのではないということです。たとえば、映画や劇を盛り上げるためではないということ。音楽が（難しい言葉だと自律性というのですが）、それ自体の美しさのために書かれているかどうか。音楽の目的とは音楽としての美である、それが芸術としての音楽の基本ではありましょう。

いやいや、それではどうなるのだ？　と思う人もいて当然です。たとえば、グリーグの『ペール・ギュント』、メンデルスゾーンの『真夏の夜の夢』、ビゼーの『アルルの女』は、どんなにすばらしい音楽であっても、そもそも芝居のために書かれたのではないか。そうなのです。そういったケースも多いので、困ってしまうのです。

クラシック音楽では形式が大事だ。しかるべき形式を持つものこそがクラシック音楽である。そのような考え方もあります。たとえば、ソナタ形式がその代表です。ところが、こういう常識が通じるのは、ほぼ二〇世紀初頭まででしょう。そこまでがクラシックなのだと言ってしまえばそれまでですが、現代においてもクラシックのコンサートで演奏される最新作が次々に生まれています。

和声法に従っているのがクラシックだと言う人もいるかもしれません。和声法とは、ハーモニーの理論なのですが、要するに、人間はこういう音の並べ方を美しいと思う、思わないということの体系化です。この理論を熟知したうえで、あえてはずしたことをするのはありです。だけど、あまりにも逸脱してしまったら、クラシックではない。そう考える余地もありますけれど、それでは現代作品の説明がつきません。

新しい美を生み出そうという創造性こそが芸術であり、クラシック音楽なのだ。案外、こう考えるのがよいのかもしれません。すでに存在している常識的なやり方を繰り返すだけでは、創造性が欠けている。だから、どこかで聴いたことがあるような映画音楽は、クラシックの範疇には入らないのだと。作曲家の心意気が問題というわけです。必然的に、そのような創造性は、誰もが理解できるものではなく、従って、曲は売れない、作曲家は貧しい、といういかにも「芸術」的な状況にもつながるわけです。

だけど、その作品に創造性があるというのは、知識があるからわかることではないのでしょうか。この作曲家は、こういう作品を書いたあとで、ああいう作品を書いた。確かに創造性があるとか。あるいは、先達《せんだつ》の誰某を超える複雑で巧みな曲を書いたとか。

それに、月並みで、よくあるような書き方をしている曲であっても、その書き方が初めて書かれたときには、まぎれもなく創造性があったわけです。

無責任な結果論のようですが、クラシックとして生き残ったものがクラシック。それは間違いありません。時間というフィルターで漉《こ》されて残っているものはほんのわずかです。どんなに天才的な作曲家でも、作品のすべてが生き残っているわけではありません。書店にいけば膨大な本が売られていますが、一〇〇年後に読まれる本はこの中のどれほどだろう。そう想像してみれば、後世に残ることのたいへんさがわかるでしょう。

一世を風靡したポール・モーリアやマントヴァーニ楽団の音楽は、今聴いてもそれなりに魅力がありますが、あえて聴こうとする人は多くはないでしょう。なるほどこのような音楽家は、オーケストラやチェンバロを用いて、一見クラシックに似た音楽を作りました。しかし、クラシックの仲間入りはできませんでした。だから悪いということではありません。それぞれの時代に人々を愉しませるのが音楽の役割のひとつだからです。

ピアノは自由に語るべし

即興曲、間奏曲、幻想曲、夜想曲（ノクターン）……ピアノ独奏の曲にはさまざまな名前がついています。字面《じづら》からは何となくわかるような、でも正確なところは曲を知らないとわからないような名前です。

それに、ピアノは、ひとりですべてを語ることができる楽器です。ほかの楽器の伴奏を必要とはしません。そこで、ピアノがうまい作曲家は、そのピアノの感覚で作曲します。まさにモノローグのような音楽が生まれます。時には饒舌な。

実は、即興曲だの幻想曲だのといった名前はあってもなくてもいいようなものなのです。というのも、ベートーヴェンがソナタ形式というものをある意味極めてしまったあとで、後世の作曲家たちはもうちょっと自由な発想で曲を書きたくなったのでした。言い換えると、詩的なひとりごとみたいな音楽を書きたくなった。ソナタでもなければ、変奏曲でもない。となると、漠然としたそれらしい名前をつけることになります。

ですので、こうした曲名については、特別に何か身構える必要はありません。既存の形に縛られない自由な書き方がしたかったのだろうと思っていれば十分です。

もっとも、思うがままに自由に語りたいという欲望は、考えてみればあらゆる芸術家に共通の思いのはず。だから、ベートーヴェン以前にもバッハやモーツァルトなどのように「ファンタジー」という語を使った曲名を考えた作曲家はいます。

ベートーヴェンとピアノ

ベートーヴェンは耳が聞こえなかったという話は、おそらくどなたもご存じでしょう。しかし、彼は生まれたときから耳が聞こえなかったわけではありません。むしろ逆で、若くて耳が聞こえているときには、誰よりも鋭敏な感覚を備えていたと思われます。それだけに聞こえなくなったことがショックだったのです。「人一倍聴覚が鋭いおれに限って、なぜこんなことが」というわけです。

ベートーヴェンは最初、ピアノ演奏家として有名になるつもりでした。が、まだ現代のようなピアノはない時代です。ベートーヴェンの生涯は、鍵盤楽器の改良と並行したものでした。ヨーロッパ各地の楽器製作者が、さまざまな工夫を凝らした新楽器を作っては、ベートーヴェンに弾いてもらいたがったのです。ベートーヴェンのピアノ曲は、晩年になるほど、機能を拡大したピアノのために書かれたとも言えます。より大きな音、幅広い音域、音色の変化……。

特にベートーヴェンは、非常に激烈でダイナミックな演奏で人々を驚かせていましたから、強弱の強いコントラストを求めました。一流ピアニストのナマを聴いてみればわかりますが、現代のピアノは、強い音においては聴き手の耳が痛くなるほどなのに、弱い音においては空気がかすかに震えるくらいというものすごい振幅を持っています。ピアニストはよくこんな楽器を家で練習できるなあと私はいつも感心してしまいます。

現代においてスタインウェイのようなピアノが存在するのは、もしかしたらベートーヴエンがいたからかもしれません。たとえば、彼が書いた最後のピアノ・ソナタ、第三二番では、地獄の荒々しいうねりのような低音から、天国の明るい光が降り注ぐような高音まで必要とされます。こういう振幅のある音楽をベートーヴェンが構想しなかったら、ショパンやリストの音楽もずいぶん違ったものになったかもしれません。

チェンバロの魅力

いっぽう、ヴィヴァルディの『四季』のようなバロック音楽を聴いていると、ピアノとは違う、もっとか弱く、しかし何とも優雅な鍵盤楽器の音が聞こえてきます。チェンバロです。チェンバロはイタリア語で、英語ではハープシコード、フランス語ではクラヴサンと言ったりしますが、まったく同じ楽器がヨーロッパ中で作られていたわけではなく、地域や時代によっていろいろな楽器が存在しました。しかし、一般的にはひとまとめにチェンバロと呼ぶことが多いです。ピアノの前身ともされます。

ピアノでは、強い力で鍵盤を叩けば、大きな音がします。当たり前ですね。いや、それが当たり前ではないのです。弾く人の力に応じて強弱が自由自在につけられるという鍵盤楽器は、作るのが難しかったのです。ですから、ピアノのような強弱をまだ駆使できないチェンバロの場合は、速度を変えるとか、音の数や重ね方を変えるとか、一般的な強弱とは違う方法で変化をつけるようにしています。

そして、強い音、大きな音を出すためには、木製の楽器では不十分です。ひとことで言うと、チェンバロは木の楽器、ピアノは鉄の楽器と言ってもよいでしょう。金属を加工する技術や工業が発展しないことには、私たちがなじんでいるピアノという楽器は生まれようがなかったのです。

逆に言うと、チェンバロの魅力のひとつは、まだ工業化されていない、部品のひとつひとつが手作りで作られている工芸品のよさです。側面や蓋にはしばしば美しい絵や模様が描かれていますが、これはひとつひとつが手作りであったため、注文主の要望を受け入れて作ったりしたためです。ですので、チェンバロが登場するコンサートに出かけたら、楽器に近づいてみて、いかにも手で塗ったり描いたりしているその姿もよくご覧ください。手作りの味わいが感じられると同時に、逆に、全体がむらなく黒く塗られているピアノが高度な工業製品であることがわかるでしょう。

もちろん、こういう楽器が似合うのは、現代建築ではなく、宮殿です。チェンバロの音量は大きなものではありませんが、そもそも大きな音量が必要とされていない場所で弾かれていたのです。不特定多数の人がチケットを買ってやってくる大ホールではなく、限られた人だけがそこにいる場所です。たとえば、バッハとちょうど同じ時代を生きたドメニコ・スカルラッティ（一六八五－一七五七）という作曲家はイタリア出身ですが、ポルトガル王女に気に入られ、やがてスペイン王に嫁いだ彼女に従ってスペインに行き、そこで生涯を終えました。たくさんのチェンバロ曲を書きました。その美しい作品はピアノで弾いてもたいへんみやびでありますが、チェンバロで弾けば、なおいっそう宮廷の雰囲気がします。たくさんの小さな宝石の粒がざっとこぼれ落ちるような音楽とでもたとえておきましょう。

ピアノは、スタインウェイやヤマハといったメーカーの名前で区別されますが、チェンバロは製作者の名前です（そもそも、ピアノは「メーカー」で、チェンバロは「製作者」です）。また、いにしえの名人が作った楽器をできるだけ忠実に再現したコピー楽器も多くあります。

音楽のような芸術は、俗世間から隔絶された美の世界を相手にしているように思われがちですが、しっかり現実の上に立っています。音を出す楽器は、もっとも現実的なものです。ある素材を用いて誰がどうやって作ったか。偶然もあれば人間の工夫や努力もあって、今の私たちが知る音楽の姿が成り立っています。

ヴァイオリンの名器

ほとんどの楽器は、いろいろな人の手によって改良が加えられて現在の形になったのですけれど、ヴァイオリンは、たまたますぐに理想的な形ができてしまった稀有の楽器と言われています。もっとも、それ以前にも弦楽器は存在していたので、まったく経験のないところから作られたわけではないでしょう。

ピアノが高度な工業製品だとしたら、ヴァイオリンは匠《たくみ》が作る手作りの名品ということになります。もっとも今日では安いヴァイオリンは工場で機械の力を用いて生産されていますが、いわゆる名器と呼ばれるものは、製作者の名前がつけられた一点ものです。ひとつひとつに、それを弾いていた名演奏家の名前、所有者の名前などがつけられています。

何と言っても有名なのがストラディヴァリウスでしょう。一七世紀の名匠アントニオ・ストラディヴァリの手になるもので、当時から逸品の誉れが高かったのです。彼が活躍した北イタリアのクレモナという町は弦楽器の生産地として知られており、ほかにもガルネリ、アマティといった名人によるきわめつきの楽器が段違いの名声を誇っています。名匠の工房で家族や弟子たちも加わって作られてきました。

どうして小さな町で立て続けに名器が作られたのか。名人たちの腕前もありますが、よい木材があったのです。木は、成長するまで何十年あるいはそれ以上の時間がかかります。その年の気候によって材質も変わります。ですから、一七世紀の名人たちが使ったような木材を現代において手に入れるのは至難です。また、製作時よりも今のほうが音がよくなっているという説もあります。熟成というやつです。

彼らが作った楽器はどれくらい響きがすばらしいのか。これは、世界的なヴァイオリニスト（たいていここに挙げたような名器を用いています）がオーケストラと共演するコンサートに行ってみれば気づくことですが、オーケストラのヴァイオリンよりもはるかに音が大きく、朗々と鳴り、音色も艶やかでかつ多彩なのです。ニスに秘密があるとか、さまざまなことが言われており、研究もされましたが、本当のところはよくわかりません。また、素材が木材であるからには劣化を免れず、やがて今のような芳醇な響きは出なくなるとも言われていますが、これもまた本当のところはわかりません。

このような名器は、数が限られていますから、値段は上がる一方です。投資としてこれくらい確実なものもないかもしれません。このような楽器はやはり名手によって弾かれるからこそ価値があるので、購入した富豪や財団は、しばしば演奏家に貸し出しをしています。年単位で預けて、思う存分弾いてもらうのです。いくら資産家とはいえ、買って飾っておくのでは、世界的な損失です。

楽器本体も高価ですが、弓も高くなってきており、ヴァイオリニストになるためには、才能も練習も必要ですが、財力やスポンサーも不可欠の時代となってしまいました。

クレモナで作られた楽器以外にも、フランスやドイツでも名人作のものがあり、こうした楽器を好んで弾く奏者もいます。イタリアの楽器に比べると、ややくすんだ音色だったりします。演奏家が目指す方向と合致していれば、それでいいのです。みながみな陽光あふれる地中海のような音楽をやりたいわけではありません。とはいえ、輝かしく甘美なストラディヴァリウスの響きが、ヴァイオリン音楽の美と快楽のひとつの極致であることは疑いはありません。

なお、名人たちは、ヴァイオリンだけでなく、ヴィオラ、チェロといったほかの弦楽器も製作しているのですが、それにはヴァイオリンほどの値段がつかないというのもおもしろいところです。

古楽器とは？

「古楽器、あるいはピリオド楽器による演奏」と呼ばれるものがあります。

たとえば、現代のピアノが、モーツァルトやベートーヴェンの時代には存在しなかったということはすでに記しました。ヴァイオリンも、バロック音楽の時代に作られたものは、もっと大きな音が出るように改造されました。管楽器はどんどんメカニカルな凝った仕組みが取り付けられていきました。けれど、そうすると、一八世紀や一九世紀の音色とは違ってきてしまうのです。

というわけで、作曲家が生きていた当時の楽器や、その複製品で演奏する人たちが現れました。考え方としては実に正しいでしょう。

楽器が異なるだけではありません。昔の人の演奏習慣は、今とは異なりました。たとえば、弦楽器のヴィブラートは特定のケースでしか使わなかったことが知られています。こうしたことは、昔の教本を読めば書いてありますが、いちいち書かないくらい常識的だったこともあるに違いありません。しかし、できるだけ作曲者の時代の演奏法に忠実でありたい。これもしごくまっとうな考え方です。古楽あるいはピリオド演奏はその路線です。

とはいえ、です。現代の私たちの感覚は三〇〇年前とはだいぶ違うのではないか。楽器や演奏法の進歩や変化は、それなりの理由があって生じたことではないか。それをすべて否定するのもおかしなことではないか。

そういうわけなので、現代の演奏家は、昔の楽器や演奏法をある程度参考にしつつも、自分の感性も大事にしようとします。それはそうです。音楽家、芸術家が自分の感性を信頼しなくてどうするのでしょう。

結果的に、鑑賞者には非常に多くのチョイスが与えられることになりました。自分の好きなものを聴けばよいのです。たとえば、スタインウェイの輝かしいピアノの音色に恍惚としてしまう人にとって、一六世紀に使われていたフォルテピアノはまるでおもちゃのピアノのように感じられるでしょう。ヴィブラートをかけない弦楽合奏の純正な和音になじんだ人にとっては、現代のオーケストラの響きは物量作戦のようであまりに大味と思えるでしょう。何かひとつだけが正しいというわけではありません。いろいろ聴いて楽しめばいいのです。

フルートは木管楽器？

木管楽器と呼ばれている一群があります。フルート、オーボエ、クラリネット、ファゴット……。こうした楽器には作られたり使われた地域による違いや、低い音を出すために長くしたり、逆に短くしたりというバリエーションもあります。国によって名前も変わります。

このうちフルート以外は、木管楽器と聞いてすぐにうなずけるものばかりです。金属製のキーがきらきらと光って目立つとはいえ、胴体は木製ですから。ところがフルートは銀色、もしくは金色に光る金属製にしか見えません。なのになぜ木管楽器なのでしょう。

フルートも、昔は木でできていたのです。しかし、金属で作ったほうが音色が安定することもわかって、今ではそちらのほうが当たり前になってしまったのです。一八世紀の楽器を用いている演奏者が手にしているのは、はるか昔の木の楽器（あるいはそれと同様のものを現代の製作者がこしらえたもの）です。木のフルートは、素朴な音色がしますが、金属のフルートのようなシャープさはありません。

このように楽器は常に改良されているので、新しいものには当然利点がありますが、失われるものもあります。ホルンという丸っこい金管楽器は、昔は本当に管をくるりと曲げただけのようなシンプルな形をしていました。ですが、それでは出せる音の種類に限りがあるため、複雑な機構を組み込んでいったのです。演奏家の中には、昔の楽器が持つ野卑と言ってもよいような迫力を好む人もいます。

クラシックではない楽器？

電気の力を借りる楽器がクラシック音楽のイメージとそぐわないのは言うまでもないでしょう。しかし、一般的にはよく知られているアコースティック楽器（電気を使わない楽器）なのに、クラシックでは使われないのではないかと思われるものもあります。

たとえば、ギターです。ロドリーゴが作曲した『アランフェス協奏曲』というものがありますが、これを除けば、ギターが登場するクラシック音楽はなかなか想像しがたいのではないでしょうか。

もしあなたが『アランフェス協奏曲』を聴くためにコンサートに出かけたら、なるほどと合点がいくでしょう。ギターの音量はほかの楽器に比べればたいそう小さいので、この協奏曲を演奏する際には、PA（音響機器）を使って増幅する必要があるのです。フル・オーケストラといっしょに舞台に出るのは、はなから無理な話なのです。ギターの繊細な表現力は否定できるものではありませんが、オーケストラとはバランスが悪すぎます。

とはいえ、実はギターのための作品を作った作曲家はいるのです。悪魔にもたとえられた名ヴァイオリニストのパガニーニはギターを含んだ室内楽曲を書いていますし、それ以前にもベートーヴェンの同時代人だったスペインのソルという作曲家が魅力的な音楽を書き残しています。

カラフルでドラマティックな『幻想交響曲』を書いたベルリオーズは、若き日にヴァイオリンやピアノではなく、ギターを学んでいたことがあります。もしかしたら、彼が豊富な音色のパレットを持つことができたのは、ギターの微妙な音色に耳を傾けていたからかもしれません。

日本では長いこと、特に学校のクラブ活動として盛んだったマンドリンもクラシックではあまり使われませんが、マーラーの交響曲第七番『夜の歌』の演奏には不可欠です。夜に奏される求愛の音楽の雰囲気を出すために、ギターともども登場するのです。また、これより前、モーツァルトが、『ドン・ジョヴァンニ』というオペラの中で、主人公が女を口説く歌（セレナーデ）を歌う際の伴奏としても使われています。

管楽器では、ジャズや吹奏楽で活躍するサキソフォンが、クラシックではあまり使用されません。個性的な音色を持つ楽器なので、不思議と言えば不思議です。中にはこの楽器のために協奏曲を書いたり、あるいはオーケストラの中に混ぜて使う作曲家もいなくはないのですが……。

基本的には、作曲家が使いたいと思ったら、どんな楽器でも使うことができます。ただ、ここに挙げたような楽器をいろいろな理由からあえて使おうとする人は多くはないということは確実に言えます。

また、もうひとつ間違いがないことは、絶対的なスタイルが確立されていると信じられがちなオーケストラも、あるいはピアノのような楽器も、そのような姿ができあがったのは、たかだか一〇〇年、あるいはそれより少し長い期間にすぎません。今後、思いがけない変化が起きないとは誰にも言えないでしょう。

第五章　クラシック音楽の作曲家たち

――その１　宮廷から市民へ

クラシック音楽の歴史とは、やはり第一に作曲家の歴史であり、クラシック音楽の深さとは作曲家の深さにほかなりません。作曲家や作品が存在しないことには、演奏家という職業も成立しません。

以下に、大勢の作曲家たちが織り成す世界をできるだけ簡潔に述べます。魅力的な作曲家や作品について語り出すと、本当はものすごい分量になるわけですが、ここでは一般的によく知られているものに限定しています。日本のコンサートで聴く機会があり、CDやオンラインの音楽配信サービスでも見つかるものばかりです。ちょっと聴いてみたい気がしたら、まずはインターネット上で探して試してみるのがよいでしょう。

作曲家はだいたい生年順にし、地域・国ごとに分けてあります。平凡ではありますが、やはりどんな天才とて、ある時代の子であるわけだし、地域性もきわめて強いからです。

さて、最初にどんな作曲家が来るのでしょうか。いろいろな意見はあるでしょうが、ルネサンス音楽は宗教的なものが多く、またどうしても声楽曲になるので、バロック音楽からとしました。楽器だけの名作があるし、どんな曲なのかという詳細を知らなくてもきれいなメロディー、華やかな響きなどを楽しめるのです。

私が選んだ最初の作曲家は、日本では江戸時代、三代目将軍徳川家光《とくがわいえみつ》から四代目将軍家《いえ》綱《つな》の時代の人物です。そのころのフランスは、太陽王と呼ばれたルイ一四世の時代でした。

ジャン＝バティスト・リュリ　一六三二 - 一六八七

フランス・バロックの代表的な作曲家のひとりであるリュリは、イタリア生まれでした。そして、現代よりはるかに身分の区別が厳しい当時において、本来ならエリート街道などまったく無縁のはずの粉屋の息子が、たまたまあるフランス貴族に仕えたのをきっかけに成功を収め、ついにはルイ一四世の目に留まって、フランスの音楽や劇場に決定的な影響や力を及ぼすポジションにまで上り詰めました。特にフランスのバロック・オペラの、音楽と踊りを組み合わせた形は彼によって作られたのです。ルイ一四世は自分で踊るのも好きでしたし、リュリも作曲するだけでなく踊りました。

しかし、尋常ならざる出世を遂げたリュリの最期もまた伝説的です。彼は杖で床をトントンと突いて楽団に拍子を示していたのですが、誤って自分の足を突き、傷口から感染症にかかって死んでしまったのです。

優雅で、壮麗で、昔の宮廷人のおおげさなかつらや衣装のような趣。そのような音楽として演奏されてきましたが、現代の演奏家はもっと軽やかで、しゃれっ気に富んだ音楽と見なしています。

　まずは『町人貴族』組曲を聴いてみてください。もともとは貴族になろうとした平民を皮肉るという喜劇です。日本でこの曲を知る人はごく限られるでしょうが、フランスでは何とほとんどの人がどこかで聴いたことがあるほど有名な音楽なのです。私も現地のとあるコンサートで、この曲が始まったとたんに聴衆が手拍子を打ち始めたのに肝をつぶしたことがあります。

ジャン＝フィリップ・ラモー　一六八三－一七六四

　リュリとは異なって、フランスのブルゴーニュ地方の音楽家の家系に生まれました。クラシック音楽の基本であり、言語では文法に当たると言ってもよい大事なルールが、和声法です。ラモーはこれを体系として書き表しました。音楽史上特筆すべき偉業です。

　やはり優雅な音楽を書いたのですが、リュリの時代に比べると、すでにフランス王政は斜陽期に入っていたのです。ということは、平民の力が上がってきたということでもあります。ちなみに、リュリとラモーの肖像画を比べてみてください。ラモーのほうが、かつらが軽量化、簡素化されていることがわかります。

　平民の力が強まれば、音楽家は彼らを相手にしなければなりません。ラモーもたくさんオペラを書きましたが、王侯貴族ではない人にも喜ばれる内容を意識しなくてはいけませんでした。それもあって、ラモーの音楽はリュリよりも重々しさが薄れ、軽快な遊戯感が増しています。

手っ取り早くラモーの音楽に触れるには『優雅なインドの国々』『ボレアド』などのオペラから曲を選んだ組曲がよいでしょう。「えっ」と思うような美しい曲が含まれています。

さて、時代的には先にフランスの作曲家について述べましたが、バロック音楽と言えば、やはり故郷はイタリア。この人について書かないわけにはいきません。

アントニオ・ヴィヴァルディ　一六七八－一七四一

ヴァイオリン協奏曲『四季』を書いたのがヴィヴァルディです。四つの季節のさまざまな情景をきわめて具体的に描写しています。と同時に、彼の音楽の特徴は感傷性で、ちょっと二時間サスペンスドラマ的な、メロドラマ風の哀切で美しい旋律がところどころに聴かれるのです。いかにも女性が泣いているという感じの嘆き節が美しい。

ヴィヴァルディが活躍したのはもっぱらヴェネツィアで、この名高い港町には、船員の相手をする娼婦もたくさんいました。となると、親に捨てられる子どもも多いということになります。この町には親がいない子どもを養育し、手に職をつけさせる施設がありました。ヴィヴァルディはそこで音楽を教えており、生徒たちのために作曲もしました。演奏水準の高さははるかかなたのイギリスまで伝わっていました。

ヴィヴァルディは何百という膨大な数の協奏曲を書きました。しかし、安心してください。それをすべて聴く必要はありません。ヴィヴァルディが書いた最高の協奏曲は間違いなく『四季』で、これほど変化に富み、ひとつひとつの楽章が生き生きしている作品はほかにありません。

また、ヴィヴァルディは弦楽器、管楽器、さまざまな楽器のために協奏曲を書きましたけれど、本人がヴァイオリニストだけあって、弦楽器、それもヴァイオリンのための協奏曲が一番魅力的なように思えます。

一八世紀においても今日同様に流行というものはあるもので、一時はヴェネツィアを訪れたらぜひ聴くべしとまで言われたヴィヴァルディの音楽は、彼が生きている間にもう飽きられてしまいました。再び成功を夢見たヴィヴァルディは、はるばるウィーンにまで出かけたものの、栄光を回復することはできずそこで客死しました。

ヴィヴァルディが書いた作品は、旅行が容易ではない時代でも、楽譜の形ではるか北方のバッハの元まで届き、バッハも彼の音楽を大いに参考にしたのです。また、当時の作曲家の例に漏れず、ヴィヴァルディもたくさんのオペラや宗教曲を書き、その中には大いに魅力的なページも含まれています。

そしてもちろん、バロック最大の作曲家となれば、この人です。

ヨハン・ゼバスティアン・バッハ　一六八五‐一七五〇

バッハの一番有名な曲は何でしょうか？　パイプオルガンの鮮烈な表現力と名技が冴えわたる『トッカータとフーガ　ニ短調』あたりか。おそらく聴けば誰しも、「ああ、あの……」と思うでしょう。ただ、実はこれは本当はバッハの作品ではないという説があるのです。まだ説の段階ですが、それが証明されれば、たいへんなことです。

ただともかくも、バッハの作品と信じられてきたこの曲は、あるイメージを私たちに与えてくれるのです。つまり、バッハはパイプオルガンを弾いていたこと。つまり、教会の音楽家だったということ。そして、たいへんな名手であったということ。

バッハの時代、一流の音楽家がする仕事は三種類でした。教会音楽家。王様や貴族に仕える宮廷音楽家。でなければ、人気オペラを作るか。バッハはオペラこそ書きませんでしたが、教会と宮廷で活躍した人でした。教会と宮廷とは、聖なる権力と世俗の権力。まったく反対のものとも思えますが、実は教会に来る人たちは音楽を愉しみにしているという一面がありました。また、宮廷でも頻繁に宗教的な催しがありました。

バッハの最高傑作は何か。『マタイ受難曲』だという声が昔から強い。処刑されるキリストを描いた、実に悲痛で感動的な、三時間にも及ぶ大曲です。でも、キリスト教になじみが薄い人にはとっつきにくいでしょう。

『無伴奏ヴァイオリンのためのソナタとパルティータ』。普通は最低でもピアノの伴奏を必要とするヴァイオリン、それをただひとつだけ用いて壮大な時間と空間を実現した名作です。特に「パルティータ第二番」のシャコンヌという楽章は天空の星々がきらめきあうような音楽です。ただし、バッハの場合、名作＝わかりやすい曲、とはならないのです。精緻すぎて、当時の人々には人工的でわざとらしいとまで批判されていたのです。

ピアノを習った人なら、『平均律クラヴィーア曲集』を弾いたことがあるかもしれません。ひとつひとつは短いのですが、合計するとたいがいの映画よりも長くなります。『ゴルトベルク変奏曲』の特に冒頭部分は、映画やテレビでもよく流れる音楽です。眠れない貴族の要望に応じて、バッハは長いチェンバロ曲を書いたのですが、わかる人にとってはおもしろすぎて、かえって眠れなくなりそうです。

バッハという作曲家の特異なところは、体系化しようという意志がものすごく強かったということです。何かひとつのアイデアを得ると、それを徹底的にやり尽くさないと気が済まないのです。だから、各曲は五分でも、それをまとめたセットでは二時間というふうになります。そして、全体像を把握しようとしないと、その真価がわかりにくい。『マタイ受難曲』にはすばらしい歌が含まれていますが、それひとつだけを聴いても何だかなあ、という気がします。やはり三時間の長い受難のドラマにつきあってこそ、大きな感銘が得られるのは間違いありません。

バッハの音楽にはいろいろな面がありますが、ほかの作曲家にはない個性としては、独特の神秘性、幽玄さが指摘できるでしょう。『管弦楽組曲第二番』は、小さなオーケストラとフルート独奏のための曲ですが、サラバンドという楽章は、ろうそくが静かに揺れているような味わいがあります。『管弦楽組曲第三番』のアリアもそうです。「G線上のアリア」としても知られているこの音楽は、ほかの作曲家にはない静謐さを湛《たた》えています。オルガンのための『パッサカリアとフーガ　ハ短調』も、呑み込まれそうな、潮の満ち干のような音楽です。

バッハの音楽はやはり通向きの一面があるのです。ですから、当時もっとも人気があったのは、この人です。

ゲオルク・フリードリヒ・ヘンデル　一六八五－一七五九

バッハと同じ年に、しかも近い町に生まれたヘンデルは、若い日にイタリアに渡って以来、故郷ドイツにはあまりいたがらず、結局ロンドンに住み着いた作曲家です。そこで、オペラとオラトリオをたくさん書きました。特定の領主に仕えるのではなく、もっと気ままでとらえどころがない一般客を相手にしたわけです。

その個性は若き日から明らかで、簡潔にしてニュアンス豊かな旋律美はクラシック音楽の中でも屈指でしょう。あるときは悲嘆のきわみ、あるときは愛の幸福、あるときは神への敬虔な信心を一本のメロディーで見事に表現できたのです。また、彼の旋律は、特に人間の声で歌われると美しく、表現力豊かになるのです。

最高傑作のひとつが『メサイア』で、クリスマスの時期によく演奏される、キリストの生誕や生涯を描いたオラトリオです。いかにも聖夜といった感じの冒頭から、次々にいろいろな歌が現れ、またオーケストラも色彩豊かです。オラトリオとは、宗教的な題材によるオーケストラと独唱と合唱の音楽で、演技や舞台装置抜きのオペラと考えてもよいです。一九世紀まで、このような宗教的な音楽も、聴衆にとっては一種の娯楽であり、決してありがたいものを聴かせていただくというものではなかったのです。ただし、キリスト教に関する知識や興味がない人にとっては、どうしても親しみにくいでしょう。

楽器だけで奏される『水上の音楽』『王宮の花火の音楽』は、どちらもヘンデルらしい魅力作で、ことに前者にはうっとりするような美しい曲も含まれています。が、やはり、ヘンデルの本領は歌にあるのではないかと思います。

さまざまなオペラの中から名歌を選んだアリア集を聴くのが一番よいかもしれません。アリアとは、オペラなどの聴きどころとなっている独唱の歌です。

バッハやヘンデルと同じ時代、ただ一曲の作品だけで後世に名を遺した人もいました。

ジョヴァンニ・バッティスタ・ペルゴレージ　一七一〇‐一七三六

早世した天才というとまっさきに思い浮かぶのがモーツァルトですが、それよりはるかに短い人生しか与えられなかったのが、ナポリを活動の中心としたペルゴレージです。不本意であっただろう人生の最後に書き上げたのが『スターバト・マーテル』(悲しみの聖母)で、出だしからして簡潔ながら輪郭のくっきりとした悲哀の美を表現しています。この歌詞は、聖書由来ではありませんが、処刑されたわが子を目の当たりにするマリアの悲しみは誰でも容易に想像できることもあって、いろいろな作曲家が音楽をつけています。名曲はしばしば作曲当初は不評を被るものですが、この作品はたちまち人気を得て、ヨーロッパ中に広まりました。シンプルで、すっと胸にしみ込んでくるような美しさは、三〇〇年経った今の人間にも訴えかけます。考えてみればすごいことです。

バロック音楽が、もっぱら宮殿や教会で暮らす偉い人たちのものだったとするなら、その次の時代の作曲家たちは、いわゆる市民社会のための作曲家です。特権階級でなくても、劇場やコンサートに出かけ、家で演奏を楽しむ余裕ができたのです。フランス革命が起きたのは一七八九年。その前あたりから、特に大都市ではこうした傾向は強まっていました。逆に、革命のようなものが起きると、貴族に雇われていた作曲家は職を失って、街に出るしかなかったとも言えます。

フランツ・ヨーゼフ・ハイドン　一七三二‐一八〇九

生涯に一〇〇曲以上の交響曲を書きました。この人は長いこと貴族に仕えていましたが、どのようにしたら喜ばれる曲が書けるのか、ツボを熟知していたのです。歳をとってからは、当時音楽ビジネスがもっとも進んでいたロンドンに行き、ここでも客を喜ばせるのに成功。生前、もっとも偉大な作曲家という名声をほしいままにしました。

ハイドンが心がけたことがあります。放送も録音もない時代ですから、同じ曲を何度も聴いている人はまれ。だから、一度聴いたらわかるような曲を書いたのです。ひとつひとつの交響曲に工夫を凝らしましたが、「今日のこの曲はここで、おっと思ってもらいたいんだよ」というメッセージが明快なのです。「ここで笑ってくださいな」と言わんばかりのお笑い芸能のような、舞台と客席の関係が成立していたのです。ちなみに、現代の私たちは名作、傑作を繰り返し聴きたがりますが、ハイドンの時代の聴衆は新作を聴くのが好きでした。

素朴で素直な旋律、人を圧迫しないのどかさ、元気はあっても下品にはならない。そのほどほどさ、バランス感覚が絶妙です。もっとも、それだけに、モーツァルトなどもっと複雑、繊細な音楽を知っている現代の私たちには、刺激や謎が不足するようにも感じられてしまうわけですが。

第二楽章で客をびっくりさせる交響曲第九四番『驚愕』は、誰でもどこかで聴いたことがあるでしょう。第四五番『告別』は、最後の楽章で、楽員がひとりずつ姿を消していきます（殺人事件ではありません）。第一〇〇番『軍隊』は、いかにものどかな旋律が、何度も繰り返されているうちに、突然騒がしくて激しい軍楽調に化けてしまいます。何も予備知識がなかった当時の聴衆は心から愉しんだことでしょう。こうした仕掛けは、音だけ聴いてもわかるとはいえ、視覚的な効果もあるので、会場で見てみたいものです。

最後の第一〇四番『ロンドン』は、ハイドンが、アイデア一発で勝負するだけでなく、のちの時代の先駆けであったことをはっきり表している壮麗な名曲です。無駄な音符がないという感じ、澄み切った神々しい感じまでします。


ヴォルフガング・アマデウス・モーツァルト　一七五六‐一七九一

交響曲や協奏曲やピアノ独奏曲やオペラなどなど、何か聴きたいジャンルがあったら、そこには必ずモーツァルトの名作があるのです。これは稀有なことです。限られたスペースでこの天才について何を書けばいいか。いっそひとつの側面だけをお示しすることにしましょう。

モーツァルトが生きていた時代は、音楽は娯楽でした。おのずと、明るい曲調が好まれました。モーツァルトが書いたほとんどの音楽は、そうした時代の趨勢、人々の要望に沿ったものでした。

ところが、俗に「短調のモーツァルト」と呼ばれる音楽があるのです。短調は哀しみを帯びているのですけれど、モーツァルトの場合はそれに加えて怒りが含まれているように聞こえてくるのが独特です。この世に我慢ならないというか、納得できないことの腹立たしさをぶつけているような感じがします。『交響曲第四〇番』は第一楽章こそ優雅さもありますが、第四楽章の激しさは衝撃的です。『交響曲第二五番』の冒頭も挑発的で、若者が荒々しく周囲に当たり散らすような印象です。霧が暗く立ち込めているような『ピアノ協奏曲第二〇番』の第一楽章。暗い熱狂のような第三楽章。

オペラ『ドン・ジョヴァンニ』では、地獄の使者のために書かれた音楽が強烈です。相手を破滅させないではおかないという決意と怨念と悪意がこもっています。この音楽は序曲にも含まれていますので手軽に聴けます。肉を切り裂くような凄惨な響きは、何度聴いても慄然とします。

バッハの『マタイ受難曲』は、キリストの受難を扱った作品なので、当然のことながら暗い音楽がたくさん含まれているのですが、今挙げたようなモーツァルト作品の暗さとは違います。また、ベートーヴェンやシューベルトは孤独感、疎外感を感じさせる音楽を書きましたが、これもモーツァルトとは趣を異にします。モーツァルトの場合は、気持ちが暗いというだけでなくて、暗いのだけど熱く燃えている、暗い情熱があるのです。『ピアノ・ソナタ第八番』は、本来は家庭で弾いてもよい曲種でしょうに、幸せな家庭にはそぐわない禍々しい雰囲気を放っています。

現代の私たちは謎が好きでもあります。モーツァルトの記録は本当にたくさん遺っているのに、まだまだわからないことがいっぱいあります。しかも、極めつきの名作に関してもです。たくさん稼いでいたのに、どうして貧乏だったのか、とか。こうした謎やエピソードも、私たちを引きつける要素のひとつです。

ルートウィヒ・ファン・ベートーヴェン　一七七〇－一八二七

クラシック史上最大の作曲家はベートーヴェンであるかのようなイメージが世の中には流布しています。もっとも天才的な作曲家はモーツァルトかもしれないけれど、もっとも偉い作曲家はベートーヴェンであるような。

音楽はさまざまな面を持っており、美は多様ですから、何が何でもベートーヴェンが一番偉いということでもないのですけれど、ベートーヴェンが偉いとか偉大というイメージに結びつきやすいのは事実です。耳が聞こえなくなり、絶望して自殺まで考えたのに、立ち直って芸術に邁進したという人生が、道徳的な立場から賞賛されたのも不思議ではありません。

また、それまでは音楽家は誰かに仕える人間でした。教会か、宮廷か、あるいは劇場に来る客たちのために。しかし、ベートーヴェンは、特定の人、特定の機会のためにお金をもらって作曲するという普通の作曲家のあり方から外れていたとされています。創作の意欲があるから創作するという、私たちが芸術に対して抱いているイメージに近いのです。

ベートーヴェンはフランス革命の精神に共鳴し、自由や平等に価値を認めました。これも私たちの現代社会の価値観と一致しています。とはいえ、彼には親切にしてくれる（ということは、お金をくれる）貴族のパトロンたちがいて、ベートーヴェンが心を寄せる女性も貴族が多かったのですけれど。彼の作品の多くは貴族に献呈されていますが、これは報奨金を目当てにしてのことです。どんな天才も生きるためにはパンが必要です。

いずれにしても、階級社会ではない市民社会、人間が自分の力と努力で地に立つことが求められる社会、自分の主人は自分であるという社会、それを最初に表現した大作曲家がベートーヴェンだったことは間違いありません。

その創作は多ジャンルに及びます。特に交響曲とピアノ・ソナタと弦楽四重奏曲の人気が高い。ベートーヴェンは、ハイドンやモーツァルトよりずっと少ない九曲の交響曲しか作りませんでした。その分、ひとつひとつが練り上げられていて、大がかりです。今のオーケストラにとっても演奏が難しい個所があります。激しい音楽が好きならば、第五番『運命』、第七番あたりがよいでしょう。ゆったりとした癒し系ならば第六番『田園』がよいでしょう。

ピアノ・ソナタは第三二番まであります。ニックネームがついているものだけでも、『月光』『熱情』『テンペスト』『悲愴』などあって、どれも名作ですが、ことに第三〇番以降の三曲が、神々しいまでの美しさに到達しています。このような作品は、家でしろうとが演奏するにはすでにあまりにも高度すぎるレベルに達していました。放送や録音のない時代、しろうとが家で弾くのも音楽の重要な愉しみ方で、楽譜の売り上げは作曲家にとっては大事な収入源だったのですが、ベートーヴェンは事実上それを拒んだわけです。

ベートーヴェンの作品に対してはよく「中期」だの「後期」だのと言われます。「中期」は、もうベテランだけれど、元気がいっぱいで、エネルギッシュな音楽。「後期」は、いっそう自由かつ大胆な作風だが、通好みとでも考えておいてください。弦楽四重奏曲でも、後期作品と呼ばれるものは、普通に聴いて美しいというよりも、実験音楽的な趣があります。よくワンセットで演奏されるピアノ・ソナタ第三〇、三一、三二番は、すべての枠組みから自由になった人の自由な創作という感じがします。

ハイドン、モーツァルト、ベートーヴェンをまとめて（ウィーン）古典派と呼んだりします。知情意のバランスが取れているというのですが、正直言って眉唾《まゆつば》です。円満な大人のような曲を書いたハイドンの音楽と、情熱的で奇人とも見なされていたベートーヴェンの精力ではち切れそうな音楽を同一視するのは無理です。それはともかく、このあと、ロマン主義と呼ばれている傾向が、ヨーロッパ中で一気に広がります。どこからがロマン主義で、どこまでがロマン主義なのか。それは考え方によって異なりますが、そういう風潮、言葉があることは知っていて損はありません。

ニコロ・パガニーニ　一七八二ー一八四〇

歴史上もっとも偉大な、伝説のヴァイオリニストにして作曲家です。シューベルトやリストを感動させ、当時の人々が悪魔ではないかとまで疑ったヴァイオリン演奏がどれほどのものであったか、もし時間旅行が可能ならばぜひとも確かめに行かねばなりますまい。

自分の技、芸術を完璧な形でアピールするためにこしらえた自作曲は、まねされることを恐れて、本人が楽譜を管理しました。よって、死後、彼の作品の相当数が失われてしまいました。

『ヴァイオリン協奏曲第一番』は明朗な旋律が魅力的です。たぶん、パガニーニ自身が弾くときには、いろいろな音符を追加したことでしょう。弦二本を同時に弾くダブルの個所は、まるでヴァイオリン二つで演奏しているようです。

対照的に、『ヴァイオリン協奏曲第二番』はドラマティック。この曲の第三楽章が有名な「ラ・カンパネッラ」です。

『二四のカプリース』は、よほどの腕利きでないと人前で弾くことができない、技巧のオンパレードのような作品集です。

ロマン主義の時代には、このパガニーニや、ピアノのリストのように、圧倒的な技量で聴衆を卒倒（文字通り、卒倒です）させるような名手の時代でもありました。ひとりの天才が大衆を屈服させる。それは芸術における英雄のイメージです。

カール・マリア・フォン・ウェーバー　一七八六－一八二六

クラシックの作曲家の中には、この人がもっと長生きしたら、音楽史が変わったのではないかと惜しまれる人が何人もいます。そのひとりがウェーバーです。

彼の作品中もっとも親しまれているのはオペラ『魔弾の射手』で、序曲はコンサートのレパートリーとしても定着しています。この序曲は、光と闇の闘いを一〇分の中に封じ込めたような、きわめて緊張感が強くドラマティックな名曲です。人間を圧迫するどす黒い地獄の響き、その反対の爆発的な歓喜。こんな曲を書く人だから、長生きできなかったのかもしれません。ほかにも有名な曲をいくつか書いていますが、とにかく『魔弾の射手』を聴くべきです。

後述するワーグナーはウェーバーを尊敬し、参考にしていました。ウェーバーがいなかったら、ワーグナーの音楽もまったく違う形になっていたかもしれません。

フランツ・シューベルト　一七九七－一八二八

シューベルトはそれまでになく暗い音楽を書いた人です。もちろんモーツァルトもベートーヴェンも暗く悲しい曲を書きましたし、バッハはキリストの受難をテーマにした曲を書きました。ところが、シューベルトの音楽はそれらよりもはるかに暗いのです。不気味なほどに暗いのです。

たとえば『未完成』交響曲は、普通の交響曲なら四つの楽章があるはずなのに、二つだけです。もしかしたら、シューベルトはあまりにも暗鬱な音楽を二楽章分書いて、もうあとが続けられなくなったのではないでしょうか。『未完成』は、単に哀しいというだけではなくて、強いものに押しひしがれるような、悲鳴のような音楽です。孤独です。誰も助けてくれません。涙も出ません。救いもありません。

この曲はいかにも不気味な、お化けが出てくるような始まり方をします。のっそりとお化けが出てきたあとで、せかせかとした音楽になります。しかし、これはまだいい。そのあと、また冒頭のお化けみたいな旋律が出てきて、地獄の深淵に一歩一歩下りていく、いや、引きずり込まれるような音楽になります。こんな音楽をシューベルト以前に書いた人は誰もいませんでした。

「魔王」というリート(歌曲)は、高熱を出した子どもを父親が馬に乗せて急いでいるのですが、子どもは魔王の幻覚を見て怖がり(「いっしょにおいで」と子どもを誘惑するのです)、到着したときには死んでいたという内容です。まさしくホラーです。こんな歌詞をまだ一〇代の少年シューベルトは生々しく歌にできてしまったのですから、呪われている天才としか言いようがありません。

歌曲集『冬の旅』は失恋した青年の嘆きや絶望を一時間にもわたって執拗に表現した作品で、確かにとんでもない名作なのだけれども、聴いて楽しいとは言いかねます。シューベルトの友人たちも、初めて聴かせてもらったときにはあまりの暗さに衝撃を受けたと伝えられています。中では「菩提樹」という歌が、比較的明るいトーンで、愛唱されていますが(私が中学生のときの教科書にも載っていました)、油断してはなりません。この木は失恋した男が首を吊るにはかっこうの木なのですから。また、『冬の旅』がコンサートで歌われるときは、アンコールを期待してはなりません。こんな曲集のあとで歌うべき音楽など存在しないからです。

シューベルトは梅毒にかかり、脳を侵され、晩年の作品にはむやみと繰り返しが多くなりました。最後のピアノ・ソナタ、第二一番は、ピアニストによっては一時間もかけて弾きます。まるで自分がどこにいるかもわからずにさまよっているような感じがする音楽です。突然ふっと音が途切れるのが何度聴いても衝撃的です。足を止めて周囲を見回し、「どこだろう？　僕は誰だろう？　今何を考えていたのだっけ？」と自問しているようです。

暴力的なまでに暗い力にあふれた弦楽四重奏曲第一四番『死と乙女』も強烈です。ひとりぼっちの人間のため息のような『四つの即興曲』（シューベルト作品番号D．八九九、D．九三五のふたつがあります）は、時々声を大きくしても誰も聴いてくれる人はいないという強烈な孤独感。それ以外にも、『ロザムンデ』間奏曲など、一見とてもきれいなのですが、実は寂しげで暗いという音楽をたくさん書いています。

こんな音楽を書く人が三〇歳を超えたあたりで世を去るのもあまりにも当然でしょう。シューベルトは梅毒で死にましたが、あるいは自分が買った娼婦とのつかの間の関係の中にも、こんな孤独やわびしさを感じたのでしょうか。

エクトール・ベルリオーズ　一八〇三‐一八六九

当時の前衛だったベートーヴェンを聴いて大感激し、またシェイクスピア劇も熱愛したベルリオーズは、思い込みが激しく、何をしても極端に走りたがる人で、熱烈な恋をすればナイフを持ち歩き、死者のための曲を書こうとすれば教会を轟音でいっぱいにしたくなり、長くておもしろい、そしておそらく大いに話を盛った自伝を書き残しています。現実と妄想の区別が常識人のようにはできなかったのかもしれません。

そういう彼の一番の傑作はやはり、自身の恋愛体験を音楽化した『幻想交響曲』です。ある女性に夢中になったあげく、相手にされないので殺してしまい、ギロチンで処刑されて、魔女の集会に参加するという、ひどく毒々しいエピソードを音楽にしたのです。しかもこの話は、薬物のせいで見た幻覚というわけですから、本来なら眉をひそめたほうがいいような曲なのです。「処刑台への行進」という部分の雰囲気は、おそらくフランス革命のときはこうだったのだろうという雰囲気が濃厚です。私が子どものときには教科書にも掲載されていましたが、今はどうだか。

『幻想交響曲』の中でベルリオーズは恋に燃える若者の情熱、孤独、そして処刑のシーンや魔物の宴会を実に鮮やかに表現しました。つまり、心理ドラマでありながら、描写音楽でもあります。また、この作品からは、作曲当時としては例外的なほどのさまざまな音色が聞こえてきます。ベルリオーズはオーケストラをどう扱うかという点で、当時の常識を超えた名人でした。

たくさんの金管楽器や打楽器を必要とし、異常な大編成で演奏されることで知られる『レクイエム』も、機会があればナマで体験するといいでしょう。

フェリックス・メンデルスゾーン　一八〇九－一八四七

メンデルスゾーンの『ヴァイオリン協奏曲』は、ヴィヴァルディの『四季』と並んで、もっとも有名なヴァイオリン協奏曲であるに違いありません。実はこの曲は、独奏者にとってはくたびれるものとしても知られています。全体の長さは三〇分なのですが、あまり休める個所がないのです。たいがいの協奏曲は独奏とオーケストラが交互に弾く個所が多いのですが。

メンデルスゾーンは、音の風景画家とも呼ばれており、スコットランド旅行中に着想を得た序曲『フィンガルの洞窟』は冒頭からして目の前にわくわくするような風景が広がるようです。序曲とされていますが、オペラの最初に演奏されるわけではありません。

シェイクスピアの名作『真夏の世の夢』のための序曲もすばらしい作品です。最初の木管楽器のハーモニーからして神秘的で、これから始まる妖精の物語にふさわしい。そして、ちょこまかと悪戯っぽく動き回るような音楽が続きます。しかし、最後は、曲頭の木管のハーモニーが戻ってきて、余韻を残して終わるのです。まさに夢のような趣です。

ピアノのための『無言歌集』も広く聴かれています。無言歌などと言うと、何か暗く不気味な感じがするかもしれませんが、言葉のない歌という意味です。つまり、歌手が歌詞を歌うわけではないけれど、ひとつひとつの曲に具体的なイメージがあるように思われるのです。「甘い思い出」と題された第一曲など、このタイトルだけで、たいがいの人は想像するものがあるはずです。そして、音楽は実際、甘くもどこか物悲しい（ただし、このような一曲ごとの題名は、必ずしも本人によるものではありません）。

メンデルスゾーンは抜群の才能に恵まれ、生活も裕福で、活動も順調でしたが、早死にしました。そういう人だからなのか、音楽には品があると同時に、風が吹き抜けていくような儚《はかな》さが感じられます。ナチが、メンデルスゾーンがユダヤ人であるがゆえに作品を演奏禁止にしたのは、とてつもない暴挙でした。

ロベルト・シューマン　一八一〇‐一八五六

一九世紀のドイツ音楽は、おおざっぱに言うとロマン主義という思潮、つまりひとりひとりの感性や思いを大事にしようという傾向が支配的だったのですが、もっともロマン主義的な作曲家のひとりがシューマンです。

たとえば、私たちは「天才」という言葉から何を連想するでしょうか。大恋愛、狂気、不幸、挫折、破滅、孤独、自殺……。案外、否定的な言葉が思い浮かぶのではないでしょうか。それは私たちが知らず知らずのうちにロマン主義的な天才観を身に着けているからです。シューマンは、まさにそのような人でした。

若きシューマンは、ピアニストを目指していました。ところが、彼の手は小さかったのです。指と指の間をむりやり広げようとした彼は、かえって手を傷め、ピアニストになる夢を断念せねばなりませんでした。そんな彼が深く愛し、とうとう結婚したのが、名ピアニストのクララでした。クララの父親（この人も名ピアニストでした）は、あんな男といっしょになるのはだめだと大反対しましたが、何とかその反対を押し切っての結婚でした。

しかし、シューマンはどこへ行っても、「名ピアニストのだんなさん」ということで、おまけのように見られ、作曲家としての名声はなかなか得られませんでした。

徐々に彼の精神は病んでいきます。そして、最後には真冬のライン川に飛び込んで自殺しようとし、一命こそ取り留めたものの、完全に理性が崩壊してしまったのです。脳を梅毒に侵されたのでした。

思い込みが激しく熱狂的だったシューマンの特徴は、ピアノ曲にもっともよく記されています。『子供の情景』（有名な「トロイメライ」を含んだ曲集）の中には、裕福な家庭で育ち、のびのびと才能を発揮しては褒められていた子どものシューマンの姿が見えるようです。もう戻っては来ない子ども時代の幸福を美しくも切なく描いたという点では、チャイコフスキーの『くるみ割り人形』と双璧でしょう。『幻想曲　ハ長調』はその名の通り思い浮かぶまでに自由に音をかき鳴らしたような、甘美で陶酔的、即興的な趣があります。それに比べると『クライスレリアーナ』はいっそう情熱的ですが、苦みも強い。『ピアノ協奏曲イ短調』も多くのピアニストによって愛奏されている名曲です。夢想的な部分も美しいのですが、ゴージャス感や壮大さもあって、華やかであるべき協奏曲として不足がありません。

交響曲や歌曲もしばしば演奏されますが、やはりシューマンの本領はピアノです。シューマン作品をまったく弾かないピアニストはほとんどいないでしょう。

フレデリック・ショパン　一八一〇-一八四九

クラシックのピアノ曲となれば、誰しもまっさきに思い浮かべるのがショパン。デリケートでロマンティックでドラマティックな彼の名作は今でも大いに好まれるところです。

ショパンは当初ピアニストとして名を上げましたが、意外なことに、生涯を通じて演奏会の回数はそれほど多くないのです。体力的、精神的な理由で、彼は大会場の客を沸かせることに興味がなかったのです。

確かにショパンの曲は、大勢に訴えかけるというよりも、自分の心の中をこっそり打ち明けるかのような趣があります。もしかしたら弾き手、聴き手は、「ショパンが自分に話しかけてくれている」と錯覚するのかもしれません。

甘美で洗練されたものを求めるなら、『夜想曲集（ノクターン）』がいいでしょう。一粒一粒違う味のチョコレートが並んだ箱を開けるみたいな楽しみがあります。全部違うけれど、みなチョコレート。甘くて苦い。こういう美味は巨大なコンサートホール向けではなく、貴婦人のサロンでつまむものです。

もっと劇的なものが聴きたければ、『バラード集』『スケルツォ集』が名曲です。バラードはもともと文学の用語で物語詩のことです。ショパンのバラードは具体的な物語を描いているわけではありませんが、何か物語が暗示されているように感じられるのです。

また、有名な葬送行進曲を含む『ピアノ・ソナタ第二番』もきわめて振幅の大きな作品です。陰鬱な味わいがたまらないのが『幻想ポロネーズ』。

ショパンの音楽にはヒロイックな感じがします。古代ギリシア以来、英雄には破滅のイメージがつきまといます。英雄は、勝つだけでは本当の英雄として物足りないのです。最後、全力を尽くしたあげく破滅しなければなりません。そう書いたのは誰だったか。そのような破滅の淵を歩む悲劇的な英雄の面影がショパンにはあるのです。

また、ショパンの音楽の盛り上がりには、どこかエロティックな感じがします。アクセルを踏むとエンジンの回転数がなめらかに上がり、音が高まる。その音がさらに高めてほしいとそそのかす。車好きなら、こう言えばわかるでしょうか。ただうるさいだけ、力があるだけではなくて、シルキーなエンジンの感触。

フランツ・リスト　一八一一－一八八六

ショパンが美しく洗練された邸宅だとするなら、リストは大きな城です。細やかさでは劣るかもしれませんが、何しろ大がかりです。

日本ではやはり『ラ・カンパネラ』（前述したパガニーニの作品に基づいたもの）が圧倒的に有名でしょう。作曲家でもありますが、当時最高のピアニストと謳われ、特に女性ファンにモテモテでした。

ハンガリーの音楽家とされ、本人もそれを売り文句にしていましたが、当時ハンガリーはオーストリア帝国の一部で、リストはその言葉もあまり話せませんでした。とはいえ、『ハンガリー狂詩曲第二番』のように、音楽にエキゾチックな要素を取り込んでいたことは事実です。

ピアノ技巧における比類ない大家だったリストの姿をほうふつとさせるのは、悪魔的な

『メフィスト・ワルツ』です。目の前でこんな曲をド迫力で弾かれたら誰もが圧倒され、ご婦人方に至っては失神する人が続出したのも理解できます。悪魔的と書きましたが、この悪魔は、シューベルトの『魔王』のように真っ黒な不気味さではありません。あるときはおしゃれで、あるときはやさしく、あるときは荒々しく、あるときは華麗で、だからこそひとを魅了する……そんな悪魔なのです。社交界で生きたリストらしい。

一般的に最高傑作とされているのが『ロ短調ソナタ』ですが、『メフィスト・ワルツ』同様、強弱、緩急、高低の振幅が極端で、恐ろしくエネルギッシュです。これで終わりかと思っても終わりません。私はこの曲を聴くたびに、肉食的だなあと思います。弾きこなすためには強くてしなやかでしぶとい野獣の筋力、体力が必要です。

リストは長生きしましたが、最後は僧籍を得ました。音楽家としての大成功、貴婦人との情事、そして宗教者になるとは、まさに物語のような人生です。

リヒャルト・ワーグナー　一八一三－一八八三

ワーグナーの本領はオペラで発揮されます。たいがいの作曲家は、交響曲、ピアノ曲、声楽曲などさまざまな分野で創作力を発揮するものですけれど、ワーグナーの場合は九九パーセントオペラなのです。だから、それを聴かないことには、ワーグナーについて知っているとは言えないし、語れもしないのですが、幸いにと言うべきなのかどうか、ワーグナーのオペラには、あちこちにオーケストラで演奏するのに都合がよい部分があるのです。というのも、ワーグナーは、言葉ではっきり表せるものだけが表現ではないと考えていたからで、ぼんやりと感じていること、予感していること、雰囲気、さらには行く末までもオーケストラで、つまり言葉を使わないで暗示するのが得意だったのです。

そう書くと難しそうですが、つまりこういうことです。歌手が何も歌わなくても、オーケストラを聴いていると、あ、この登場人物は何か不安なんだな、何か期待してわくわくしているんだな、そのように客席が理解できる作品。オペラは多かれ少なかれそういうものですが、ワーグナーは特に意識的だったのです。

たとえば、禁じられた恋の物語である『トリスタンとイゾルデ』は、最初の前奏曲と、最後の「愛の死」という部分がしばしば単独で演奏されます。四時間もかかるオペラの最初と最後だけ、二〇分弱で要約してしまうようなものです。

主役は一〇代の男女。まだ恋をしたことがないのです。そのふたりが、禁じられている恋をしてしまいます。その愛に溺れて幸せの極致を知ります。しかし、愛すれば愛するほど、破滅に近づきます。おのずと、重苦しい愛になるほかありません。死にたどりつくしかない宿命的な恋をワーグナーはどう表現したか。第一幕の前奏曲をお聴きください。

『タンホイザー』はセックスの快楽に溺れてしまった男が改悛《かいしゅん》する物語です。序曲は、壮麗、壮大かつ敬虔な雰囲気もある名作です。最後の盛り上がり方もすごい。ワーグナーは、危ない恋、破滅的な愛を描き続けました。これほどまでに愛にこだわった作曲家もいません。

アントン・ブルックナー　一八二四-一八九六

ワーグナーの影響を強く受けた作曲家です。ただし、熱心なカトリック信者で、教会のオルガニストをしていたこともあって、愛欲、権勢欲など欲望にまみれた俗世界とは一線を画した、独特の宗教性を感じさせる音楽を書いています。

甘さ、うっとりするような恍惚の様子もあるのですけれど、宗教的な法悦（エクスタシー）といった趣があるのが特徴です。現在聴かれている作品はもっぱら第九番まである交響曲だけと言ってよいでしょう。第七番や第八番のクライマックスは、大聖堂にたとえられるのも無理はない壮大さ、荘厳さで聴き手を圧倒します。

いずれの作品も長めで、特に第八番はゆっくりめの演奏だと一時間半程度になります。しかし、この長さこそが独特の快楽であり、別世界にいるような錯覚を生み出すのです。えんえんと続く清められた音の流れ。

ブルックナーの演奏を聴こうとすると必ず遭遇するのが、○○版という記載です。これはどんな楽譜に基づいて演奏しているかということで、ノヴァーク版、ハース版などいろいろな楽譜があるのです。マニアはそのあたりにうるさいのですが、初心者がこの作曲家の特徴や魅力を知るためには、あまり気にする必要はありません。

エドヴァルド・グリーグ　一八四三-一九〇七

ノルウェーの作曲家で、特にピアノ協奏曲の人気が高い。ゴージャスでダイナミック、ロマンティックな味わいも濃いので、それも当然です。ティンパニとピアノによる鮮烈な出だしには、人をはっとさせるものがあります。

組曲『ペール・ギュント』の音楽は、どこかでそれと知らずに耳にしているはずです。『人形の家』で名高い文豪イプセンの同名の戯曲のために書かれました。一曲一曲が実に鮮烈で、一度聴けば覚えてしまうほどです。「オーゼの死」は文字通り慟哭の音楽です。残念ながら、この戯曲の、この音楽つきの上演はめったにありませんが、コンサートでは聴けます。簡にして要を得た『ペール・ギュント』から三〇年もすると、これでもかと肥大化したマーラー、リヒャルト・シュトラウスの作品が書かれるようになるとは当時誰も想像できなかったはずです。

グリーグの作品中、今日よく耳にするのは、以上の二作品と、ピアノのための『抒情小曲集』くらいですが、生前のグリーグの人気、評価は今日では想像できないくらいで、一流の音楽家たちからも尊敬されていました。

ヨハネス・ブラームス　一八三三ー一八九七

ブラームスはひとことで言うと、音がたくさんある曲を書いた人でした。作曲家は、どんなに天才的な人であれ、こと音楽の点では勤勉でないと成功しません。技術を一通り身に着けるだけでもたいへんですが、過去や現在の作品を学び続けなくてはいけません。

なかでもブラームスは特に勤勉な人で、彼のまじめな人柄は作品によく表れています。逆に言うと、それがために息苦しく感じられることもあります。同時代人チャイコフスキーは、「見事は見事なのだけれど、わざとらしくて人工的な感じがする」と評していました。このような意見は当時まれではありませんでした。

たとえば、壮大なクライマックスを持つこともあって人気が高い『交響曲第一番』は、さあ俺も交響曲を書くぞ、書くからには恥ずかしいものは書けないぞ、と力みかえっているような音楽です。うんうんうなりながら書いたのではないかという想像すら起きます。

また、基本的には、根が暗い人です。ブラームスが書いたもっとも明るい曲としては『大学祝典序曲』が挙げられます。存命中から高い評価を得ていた彼は、ある大学から名誉博士号をもらうことになり、お返しにこれを作りました。ですので、一見すると華やかで、楽しげな躍動感に富んでいるのですが、最後のクライマックスに、何か壮大な夕日のような崩壊や終焉の気配が漂ってはいないでしょうか。

ブラームスは、理屈っぽい、頭で納得できる音楽を書きたいという気持ちを持っていた人ですが、さらっとすばらしく美しいメロディーを書く人でもありました。三曲書いたヴァイオリン・ソナタはそういう彼のよさが素直に出ています。けだるく、メランコリックで、だけど甘美で、情熱的な瞬間もあり……。

歳を取るとよけいな雑念が消えたのでしょう、すっきりとした透明感ある美しさを持つピアノのための『間奏曲』(作品一一七)も絶品です。

やはり晩年の『クラリネット五重奏曲』は、茶色の中には黒に近い茶もあれば、黄色のような明るい茶もある、そんな色とりどりの茶色がカプチーノのように渦巻いているような名作です。ただ、その茶色の味わいを楽しむためには、ある程度の鑑賞経験があったほうがいいでしょう。

シュトラウス一家

クラシックに興味がある人なら、あるいはない人でも、シュトラウス一家のワルツやポルカを耳にしたことがあるはずです。この音楽一家からは何人もの作曲家が輩出されましたが、『ラデツキー行進曲』を作ったのがヨハン・シュトラウス一世（一八〇四－一八四九）、『美しく青きドナウ』を作ったのがヨハン・シュトラウス二世（一八二五－一八九九）、実はもっとも才能があったと言われているその弟ヨーゼフ・シュトラウス（一八二七－一八七〇）が主だった作曲家です。

ヨハン・シュトラウス一世と二世の父子の衝突は、音楽史では有名です。売れっ子ではあったものの、音楽家は安定した職業ではないことをよく知っていた父は、息子が音楽家になるのを邪魔し、ヴァイオリンを壊したりしていたのです。しかし、息子はこっそり勉強を続けました。父の死後、ワルツの名声や人気をより高めたのは息子でした。ワルツはもともとは品がよいとは言えないただの舞曲のはずだったのに、鑑賞に足る立派な音楽作品と見なされるようになりました。

二世の弟であるヨーゼフは、存在感では兄に負けますが、作品の質では勝ると言われていて、『オーストリアの村つばめ』というワルツでは、繊細な抒情美の片鱗がうかがえます。どことなく不安定な、足元がゆらゆらしているような感じも独特です。『トランスアクツィオン』というワルツは、暗鬱さえ感じさせるメランコリックな音楽に驚かされます。

当時のウィーンでのワルツの人気はちょっと現代では考えられないほどで、理屈っぽいブラームスですら、夢中だったのです。とはいえ、シュトラウス一家の作品を愉しむためには、特に説明はいりません。

グスタフ・マーラー　一八六〇－一九一一

現代でもっとも人気がある作曲家のひとりと言えます。彼の交響曲はブルックナー同様、どれも長めで、八〇分に達するものがいくつもあります。また、巨大なオーケストラで演奏されるのも特徴です。しかも、オーケストラのみならず、歌も取り込んでいます。

初めて聴くとややこしくてわけがわからないと感じるかもしれませんが、旋律は明快で、全体がダイナミックな物語のように作られているので、何度か聴くと慣れてきます。とにかく盛り上がりが壮大なので、コンサートは熱気に包まれます。

また、マーラーは、書き出しがうまい小説家のようなもので、曲、あるいは楽章の頭で、必ず聴く者の注意を引き付ける書き方をしています。

やや短めで、マーラーらしい雄弁さ、表現性にも欠けていないという点で、『第一番「巨人」』から聴きはじめるといいでしょう。暗く悲しげな部分も、それがあるから、明るい部分がより輝かしくなることがわかります。ナマでこの曲のフィナーレを体験すれば、一〇〇人の音楽家が音を出すオーケストラはすごいものだなあと理屈ぬき、身体で理解できるでしょう。この曲が好きになったら、ほかの交響曲にも手を出せばいいのです。

リヒャルト・シュトラウス　一八六四－一九四九

シュトラウスという名前の作曲家はほかにもシュトラウス一家がいるので、リヒャルトとファーストネームもいっしょに言うのが習わしです。

オーケストラを扱う技巧という点では、まさに達人です。実にカラフルで雄大な響きがします。基本的にはロマンティックなのですが、前衛的、革新的な部分も巧みに混ぜ合わせているのが、またテクニシャンならではです。

演奏が難しい曲が多いことでも有名です。オーケストラや歌手に対する要求が高度なのです。たとえば、『英雄の生涯』という交響詩では、愛する妻を表現するために独奏ヴァイオリンが用いられているのですが、このソロを文句なしの見事さで弾いてのけられるコンサートマスター（オーケストラのヴァイオリンのトップ奏者というだけでなく、オーケストラ全体をリードする）は、いったい世界に何人いるだろうというほど。

　オペラをたくさん作っていますが、それよりも世界中で頻繁に演奏されるのは、オーケストラのための交響詩です。『アルプス交響曲』は、交響曲と称してはいるものの、実際は交響詩で、アルプスを登山、下山するさまを描いたもの。正直言って、たいした思想性も何もないのですけれど、技巧のお化け、刺激のオンパレードみたいな大作です。凄まじい嵐の描写に一種の恐怖、それが転じて愉楽を覚えない人はいないでしょう。とにかく客を驚かせ、怖がらせるホラー映画のようなものと言ったら辛辣にすぎるでしょうか。

　自分自身を英雄に見立てた『英雄の生涯』、ニーチェの有名な著作からヒントを得たという『ツァラトゥストラはかく語りき』などは、次から次へとおもしろい場面が出てくる映画のようなものとも言えるでしょう。

第六章　クラシック音楽の作曲家たち
——その2　「国民」から「現代」へ

国民楽派とは？

解説に「国民楽派」と記されている作曲家たちがいます。チャイコフスキー、ムソルグスキー、ドヴォルザーク、スメタナ……なかなか壮観な顔ぶれです。

楽派と言っても、彼らがみなで徒党を組んでひとつの考えの下に作曲を行ったわけではありません。しかし、もちろん共通項があるから、このように一括されているわけです。

彼らが生きた一九世紀後半、各民族が自分たちの国家を持つべきだという国民国家の観念が広まっていました。たとえば、ウィーンを首都とするオーストリア帝国は、チェコやハンガリーも領土にしていましたが、各民族には独自の言葉や文化があるのだから、支配者の価値観でむりやり統一されすべてを決められてしまうのはかなわないというわけです。

現実には、ヨーロッパの大部分は大陸であり、さまざまな民族が入りまじって暮らしていましたし、ユダヤ人もいましたから、一民族一国家など、どだい無理な話なのですが、自分たちは他民族に支配されていると感じている人々は、ある種の夢を見ていたのです。

作曲家の場合は、民謡の旋律を取り入れたり、民話や伝説をオペラの題材に使ったり、地元の言葉で書かれた歌詞を使ったり。地元の言葉の歌詞を使うなど、ごく当たり前のように思われるかもしれませんが、たとえばチェコ語やハンガリー語の歌詞は、多くの国々の人にはまったく理解できません。特にドイツ、フランス、イギリス、イタリアあたりの出版社が楽譜印刷の大手でしたから、これらの国々の人たちに通じないことはかなり致命的なのです。何しろラジオも録音もまだ存在しない時代で、自分の曲を知ってもらうためには楽譜を広めるしか手段がありません。そこで、各国語の歌詞を添えたりしました。

また、独得の情緒があるロシアの作曲家の音楽は、フランス人にはエキゾチックでおもしろいと好意的に受け取られるのですが、ドイツ人には田舎くさいと感じられることが多かったようです。その点、どんな音楽でも貪欲に受け入れたのは、イギリスだったかもしれません。

もっとも、民族性、あるいは地域性に価値を認めるということでしたら、ワーグナー、ウェーバー、さらにはブルックナーあたりにも言えることですが、一般的には国民楽派という言葉は、東欧の作曲家たちに用いられます。

ベドルジハ・スメタナ　一八二四 - 一八八四

ドヴォルザークに先行するチェコの大作曲家。もっとも有名な作品は「モルダウ」です。モルダウはプラハを流れる川で、チェコ語ではヴルタヴァ川と言います。この川が源流から大河へ変容する様子を、付近の風景や歴史を振り返りつつ描いた交響詩で、抒情的な美しさもあれば、荒れ狂う奔流もあり、壮麗でもあり、名曲と呼ばれて当然です。

実はこの曲は交響詩集『わが祖国』に含まれる一曲なのです。「モルダウ」が気に入った人は、このフルヴァージョンも聴いてみるとよいでしょう。そして聴いてみれば、なるほど各曲に魅力があるけれど、もっとも変化や表現の振幅に富んでいるのが「モルダウ」であることもわかるでしょう。

オペラ『売られた花嫁』も名作で、特に疾走するような序曲は、オーケストラの演奏会でもよく取り上げられます。

また、弦楽四重奏曲第一番『わが生涯より』は決して順調ではなかった彼の生涯と関連するだけに、たいへん聴きごたえがあります。辛口の厳しさが感じられます。時折不思議というか不気味というか、変な感じがする個所もあります。実はスメタナは耳を病んでおり、聴力を失ったのですが、幻聴が聞こえていて、それが表現されているというのです。また、彼は最後には精神まで病んでしまったのですが、その片鱗を感じ取る人もいるはずです。真情が迸るような、苦くも甘美な第三楽章は特に美しい。また、フィナーレの疾走は、情熱的でありながら、どこか破滅に向かって突き進むような痛ましさがあります。

アントニン・ドヴォルザーク　一八四一－一九〇四

ブラームスが大いに敬意を払っていたのがドヴォルザーク、チェコ最大の作曲家です。何事も考え抜かないと気が済まないブラームスにとって、素朴で美しい旋律が次々となめらかに続くドヴォルザークは羨《うらや》ましかったのでしょう。

何といっても交響曲第九番『新世界から』が有名です。魅力的な旋律、憂愁の色合い、野性的なエネルギー感、余韻を残すような印象的な終わり方、とにかくさまざまな要素が詰め込まれています。それも、ごった煮ではなく、実にスマートですっきりと。傑作と呼ばれてしかるべき作品です。破格のギャラでアメリカの音楽学校に雇われたドヴォルザークが、そこで得たアイデアも盛り込まれています。

交響曲第八番『イギリス』は、楽譜が出版されたのがイギリスだったのでこの俗称がついたという、どうでもよい由来が笑えますが、音楽はたいそう魅力的です。『新世界から』よりも濃厚な旋律美ゆえにこちらを好む人も少なくありません。

やはり有名な『チェロ協奏曲』は、チェロの独奏者なら誰でもレパートリーにしなくてはならないくらいの曲です。『ヴァイオリン協奏曲』も弦楽器の美しさがたっぷり味わえる名曲です。ドヴォルザークがそもそも弦楽器奏者だったことと無関係ではありません。ちなみにブラームスはピアニストでもありました。自分の腕の延長のようになった楽器は、逆に人間の発想や感覚をコントロールします。作曲家は、知らず知らずのうちに、自分が一番得意な楽器で音楽をイメージしているのです。特に、演奏家としても高い評価を得た人ほどその傾向が強いのは皮肉なことです。

レオシュ・ヤナーチェク　一八五四‐一九二八

チェコのモラヴィア地方出身の作曲家で、一九世紀半ばに生まれた人とは思えないモダンな音楽を書きました。と言っても、彼の主要作は二〇世紀になって書かれたのではありますが。このような大器晩成は作曲家では珍しい。五〇歳を超えた作曲家は創作力が衰えるのが普通なのです。

台詞や劇の状況に密着した音楽を作ったオペラの評価が高いのですが、オーケストラのためにも名作を書きました。『シンフォニエッタ』は大量のトランペットが使われているにぎやかな曲で、ヤナーチェクの特徴である単純なリズムや旋律との組み合わせもあって、インパクトが強烈です。クラシックではありますが、民族音楽のようです。

『タラス・ブーリバ』は愛国的な内容で、英雄的な人間たちの死が描かれていますが、普通の悲嘆とはまったく異なる、不思議とからりとした音楽です。悲劇的に盛り上がったりなどしないのです。

時代の流行に媚びないユニークな作風ゆえ、理解されるのに時間がかかりましたが、現在では二〇世紀のもっとも興味深い作曲家に数えられています。

・ロシアの作曲家たち

イタリア、フランスといった長年ヨーロッパの文化的な中心だったところから遠く隔たったロシア。貴族はフランス語で会話し、輸入した文化が高級とされてきました。しかし、一九世紀には、ロシア独特の芸術が必要だという考えが強まり、何人もの魅力的な作曲家を輩出しました。

アレクサンドル・ボロディン　一八三三-一八八七

「だったん人の踊り」『中央アジアの草原にて』がよく知られています。

「だったん人の踊り」は、オペラ『イーゴリ公』に含まれていて、このオペラはボロディン畢生《ひっせい》の傑作になるはずでしたが、完成せずに終わってしまいました。というのも、ボロディンの本業は化学者で、すべての時間や能力を作曲に捧げることは不可能だったのです。

『交響曲第二番』は野趣にあふれ、かつ情感豊かな佳品です。『弦楽四重奏曲第二番』もあたたかく懐かしいような曲頭から引き込まれます。


ピョートル・イリイチ・チャイコフスキー　一八四〇 - 一八九三

ロシアの大作曲家と言えば、真っ先に名前が挙がるのはチャイコフスキーです。何を隠そう、小学生だった私が最初に感動したクラシックの曲が、この人の『ピアノ協奏曲第一番』です。自分が見たこともない絢爛《けんらん》たる美の宮殿に招き入れられたかのごとく、恍惚としたことを覚えています。

交響曲第四、五、六番「悲愴」が名作とされていますが、初心者には特に第五番がよいでしょう。作りが明快で無駄なところがないし、憧憬や憂愁に満ちた美しさにあふれ、最後の盛り上がりも強烈です。

『白鳥の湖』、『眠れる森の美女』、『くるみ割り人形』といった、バレエ音楽でも比類ない傑作をものにしています。全曲だとかなり長く、何しろ踊りの伴奏という手前、ステップを表しただけのようなどうでもいい曲も含まれていますので、それぞれ一時間程度にまとめた抜粋版で聴くのが一番よいと思います。『白鳥の湖』は若い時期ならではの切迫感がすばらしい。これが書かれる前、こんなに真情あふれるバレエ音楽は書かれたことがなかったのです。最後の、愛する者どうしが死んで天国で結ばれるという設定は、ハッピーエンドなのかバッドエンドなのか。どちらにも解釈できるところも奥が深い。『くるみ割り人形』は、軽やかで、魔法のような響きがして、夢見るようで、何かとマイナス思考の傾向があった作曲者自身もできばえに満足していました。

モデスト・ムソルグスキー　一八三九－一八八一

狂気の天才というイメージにもっともぴったりとくるロシアの作曲家は、ムソルグスキーです。

とにかく、常識を超えた人でした。彼の代表作でロシア・オペラの最高傑作とまで褒めたたえられている『ボリス・ゴドゥノフ』は、最初完成されたとき、一般的な観客が期待しているソプラノの美しいアリアや、甘い愛のシーンがいっさいありませんでした。慣習や常識に一〇〇パーセント従うことがよいとは限りませんが、ある程度世の中に妥協しないと成功は覚束ない、こんなことをムソルグスキーはまったく考えなかったようです。この作品はロシア人、特に民衆はどういう人たちなのか、ロシアという国はどういうものなのか、二一世紀の今になっても示唆《しさ》に富んでおり、このオペラを聴かずしてロシアを語ることはできないとすら私は思っています。

ピアノ曲の『展覧会の絵』では、おどろおどろしさ、グロテスクな美、それでいて真剣な悲哀や夢が語られています。この作品はのちにフランスのラヴェルによってオーケストラ用に編曲されました。それもたいそうおもしろいのですが、たいへんスマートで洗練された、ある意味ムソルグスキーと反対の路線です。

ムソルグスキー独特の感性は、同時代の人にとっては、ただの下手や不器用、つまりテクニックの欠如のようにも見えました。そのため、彼が書いた音符を修正してしまう人もたくさんいました。ところが、そうすると、素朴でごつごつした味わいが失われてしまうのです。コンサートやCDなどで表記されている「原典版」といった言葉は、作曲家のオリジナルな楽譜で演奏しますよという意味です。

『禿山《はげやま》の一夜』は、ごく短いですが、ムソルグスキーの個性が端的に表れています。土俗的と言おうか、蛮族のようなと言おうか、荒々しくどす黒いエネルギーが渦巻きます。これにも、作曲家自身による原典版と、他人の手が加わった別の版があります。特に終わり方は、完全に違っています。聴き比べるのも一興です。

ニコライ・リムスキー＝コルサコフ　一八四四－一九〇八

実は早い時期からムソルグスキーの作品に手を入れたのは、これから説明するリムスキー＝コルサコフです。技巧家であった彼にとって、ムソルグスキーやボロディンの作品はしろうとくさく思えたのです。

オーケストレーションとは、オーケストラの各楽器にどのように音を割り振れば、カラフルな、デリケートな、あるいは重厚な、大きな音が出るのかという技術です。リムスキー＝コルサコフはこの分野では第一人者と言われています。

もっとも、オーケストレーションのうまさだけに頼って曲を仕立てても、旋律に味わいがないとか、全体としてのメッセージがないとか、弱点があると、たいした曲にはなりません。

その点、『シェエラザード』は、オーケストラの響きも魅力的ですし、アラビアン・ナイトの物語にヒントを得た全体の仕立てが抜群です。広大な海へと乗り出す冒険、にぎやかな祭り、官能的な夜……なのに、最後、人生のすべての歓びも哀しみも幻のように消えていきます。この儚さは格別です。

セルゲイ・ラフマニノフ　一八七三－一九四三

リストやブラームスも名ピアニストとしての名声に恵まれていましたが、ラフマニノフも巨人的なピアニスト、世紀のピアニストとまで賞賛された人です。ぎりぎりで録音を遺した世代なので、音質がすばらしいとは言えませんが、彼の芸風の片鱗はうかがえます。

当然、ピアノ曲が一番得意です。『ピアノ協奏曲第二番』は甘く陶酔的。『第三番』は華麗なテクニックが見せどころ。独奏曲なら、『前奏曲集』が近づきやすいでしょう。

おもしろいことに、ピアノというひとつの音をずうっと伸ばすことが難しい楽器の名手だったくせに、ラフマニノフは弦楽器や管楽器に向いた、えんえんといつ果てるともなく続くロマンティックなメロディーの流れを作るのが得意でした。『交響曲第二番』は、一時間に達する長い作品ですが、美しい旋律がこれでもかと大盤振る舞いされます。往年のハリウッド映画のようなゴージャス感があります。

交響詩『死の島』は、ベックリンという有名な画家の同名の作品からヒントを得ていて、その名の通り、陰鬱で恐ろしげな雰囲気が実に幻想的です。

イゴーリ・ストラヴィンスキー　一八八二－一九七一

いわゆる三大バレエ、すなわち『火の鳥』、『ペトルーシュカ』、『春の祭典』がとりわけ人気があります。どれもオーケストラの多彩かつ豊饒な響きが際立っています。基本的には、バレエ上演が前提で作曲されましたが、音楽のみが演奏されることのほうが多いくらいです。

『火の鳥』は、全曲だと約一時間かかるので、組曲版が普及しています。いにしえのロシアっぽい、土のにおいがするような、原始的な霧が漂っているような神秘感。メルヘンのような幻想性。チャイコフスキーのバレエ音楽のようなロマンティックな高揚。ストラヴィンスキーの作品の中でもっとも親しみやすいのです。

『ペトルーシュカ』は、サーカス小屋での人形の恋の物語。といってもまったくロマンティックではなく、『火の鳥』よりもはるかに辛口で、残酷で、モダンな感じです。たくさんの楽器のソロが出てきますが、それもあって演奏の難易度は際立って高い。

『春の祭典』は、「祭典」というとスポーツの祭典みたいな明るい印象になってしまいますが、実は原始時代の野蛮な風習、犠牲祭のことです。処女を神に捧げて殺すのです。それまでの常識では考えられなかったややこしいリズム、荒々しい盛り上がりによって、血なまぐさい原始宗教がもたらす恍惚が表現されています。三〇分ほどの曲ですが、そのリズムゆえに演奏至難と言われる時代が長く続きました。この作品は初演時（バレエ音楽なので、もちろんバレエ上演です）に二〇世紀の芸術史上に残るスキャンダルを引き起こしました。観客が大騒ぎをして、音楽が聞こえなかったほどだと伝えられています。さあ、それがどんな音楽だったかは、ご自分の耳でお確かめください。

ストラヴィンスキーは、例外的に長生きした作曲家で、しかも生きている間にどんどんスタイルを変えていったので、カメレオンとまで評されました。常にその時代において未開の分野を切り開こうとしていたのです。三大バレエは、その長い創作歴の中ではまだまだ若い時分の作品です。以降もいろいろな興味深い作品を書いており、欧米では折りにふれて回顧の催しが開かれますが、一般的なクラシック愛好家にとっては結局のところストラヴィンスキーへの関心は三大バレエに尽きるでしょう。

セルゲイ・プロコフィエフ　一八九一－一九五三

チャイコフスキーやラフマニノフのあとで聴くとたいそうモダンな感じがするロシア・ソヴィエト系の作曲家です。この人もピアニストとして名声を博しました。たくさんのピアノ・ソナタを書いていますが、ぎくしゃくした感じや、機械が鳴り響くような音響など、ベートーヴェンから一〇〇年後とは思えないほどです。一時期はこうした作風が日本の作曲家たちにも多大な影響を与えました。

バレエ音楽『ロメオとジュリエット』はどうでしょうか。その名の通り、シェイクスピ

アの名作をバレエで踊るために作られた音楽ですが、非常に簡潔かつ効果的に書かれています。チャイコフスキーに比べると、シャープです。そして、暴力的な部分は二〇世紀らしく無慈悲に暴力的な感じがします。全部で二時間くらいかかりますが、聴きどころを集めたハイライト（抜粋）版や組曲版もあって、お手頃です。外国に住んでいたプロコフィエフは、社会主義となったソ連に戻ると、大衆にもわかりやすいことを意識したこのような作品を書いたのですが、余裕しゃくしゃくの名手があえてシンプルに書いたという感じがします。

あるいは『交響曲第一番「古典」』は？　ハイドンやモーツァルトのような姿をした交響曲で、演奏時間も短いのですが、山椒《さんしょう》は小粒でもぴりりと辛いという言葉がこれほどまでに当てはまる曲もないかもしれません。

ドミトリー・ショスタコーヴィチ　一九〇六－一九七五

山椒は……という言葉が似合う作品がほかにもあります。やはりソヴィエトの作曲家ショスタコーヴィチが書いたこれもやはり『交響曲第一番』です。若い作曲家は、とりあえず作曲の技法をマスターし、伝統を学んだということをアピールしなければなりません。だけれど、自分の個性も盛り込みたい。そういうわけで、見た目は昔風だけど、感性は新しいという音楽が生み出されたのです。

ショスタコーヴィチは、自由な芸術活動が制限されていたソ連において、政治と芸術のぎりぎりのはざまで生き延びた作曲家と見なされています。自由な芸術に傾きすぎると、当局から弾圧、それどころか粛清されてしまいます。でも、当局が喜ぶ迎合的な音楽（革命や社会主義の勝利を賛美するような音楽）ばかり書いていたら、御用作曲家に落ちぶれてしまいます。真の芸術家とは言えないでしょう。

彼の交響曲は、もっとも肯定的、つまり革命が勝利するという感じで書かれた第五番ですら、重苦しく、この勝利は本当に勝利なのだろうかと思わせます。最後、爆発的な勝利の行進のようでいて、何か違和感があります。ましてや、それ以外の交響曲では、いっそう闇が深い。

弦楽四重奏曲なども二〇世紀の名作とされています。ただ、みながみな、こうした暗くて屈折していて意味ありげな音楽を楽しめるかどうか。好き嫌いが分かれる作曲家ではあります。

アラム・ハチャトゥリアン　一九〇三－一九七八

アルメニア出身の作曲家で、エキゾチックな情緒あふれる作品を作りました。なかでもバレエ音楽『ガイーヌ』の「剣の舞」を聴いたことがない人はいないでしょう。『ガイーヌ』を舞台で見る機会は日本ではまれですが、場面設定は集団農場というソ連時代ならではのストーリーです。勤勉な者は賞賛され、そうでない者は人間のくずのように表現されるのは、社会主義下の芸術では決まり事でした。「剣の舞」以外にも実に印象的な音楽がいくつも含まれています。

民族の血が騒ぐような『ヴァイオリン協奏曲』もヴァイオリニストにとっては弾いていて実に楽しい曲でしょう。

『交響曲第三番』は、通常のオーケストラに加えて、トランペットが何と一五本も勇ましい活躍ぶりを見せつけます。あまりに騒がしいので、笑い出したくなるほどです。パイプオルガンも弾きまくり。弦楽器が奏でる中東風の濃厚な旋律。

ハチャトゥリアンの音楽は、わけもわからないうちに聴く者を興奮させてしまう不思議な力を持っています。これほど扇情的な作曲家もまれです。

・フランスの作曲家たち

セザール・フランク　一八二二－一八九〇

フランスの芸術家というと、洗練されていて、才気煥発で、フットワークも軽そうな感じがしますが、フランクはそれとはまったく逆です。

『交響曲ニ短調』は非常に重々しく、四〇分程度の演奏時間なのに、それよりも長く感じられます。言いたくてもなかなか言えない気持ちがどろどろと、しかも執拗に表現されているような印象。曲頭に示された重苦しい主題（旋律）がこれでもかと繰り返され、怪奇映画のような不気味さまで漂わせるとは、尋常ではありません。「おれを好きになってくれないと、自殺するぞ」とナイフを自分自身に向けて迫ってくる男のようにも感じられます。粘着気質という言葉は、この曲のためにあるのかもしれません。ですが、好きな人にはこたえられない曲のようです。

もっと一般的に薦められるのは『ヴァイオリン・ソナタ　イ長調』でしょう。これほどロマンティックな美しさに満ちたヴァイオリン・ソナタは、ほかにブラームスの作品があるだけです。夢見るような、思いに沈むような冒頭からして心ひかれます。優雅であり、気品があり、華麗でいて、気取っておらず、ヴァイオリンもピアノも素直に真心のままを奏でているようです。やがて高まった気持ちは恍惚と至福に酔いしれ、甘美の世界に溺れます。

カミーユ・サン＝サーンス　一八三五－一九二一

チェロのための「白鳥」を聴いたことがない人はいないでしょう。これは組曲『動物の謝肉祭』に含まれています。いろいろな動物をテーマにした、才気に富んだ短い曲が集められていますが、作曲者自身は、軽い気持ちで書いたものだからと出版するつもりも最初はありませんでした。できる人にとって、これくらいはわざわざ作品と呼ぶほどのこともなかったのでしょう。

交響詩『死の舞踏』は、独奏ヴァイオリンが活躍する滑稽でもあればグロテスクでもあり、エキゾチックな匂い、華やいだ官能の匂いもする、実にスマートに書かれた曲です。本格的な作品としては、『ヴァイオリン協奏曲第三番』があります。ヴァイオリニストにとっては非常に重要な作品です。

それよりさらにインパクトがあるのは、『交響曲第三番「オルガン付き」』です。その名の通り、オルガンも取り入れたエキサイティングな音楽です。抒情的なところはうんと抒情的に、盛り上がるときは扇情的なまでに。サン＝サーンスが、腕が立つ作曲家だったことがよくわかります。腕が立ちすぎて、「うまいけど、中身がない」という批判までされるほどでした。三〇分ほどですし、初心者が聴くにはよい曲かもしれません。

サン＝サーンスは長寿に恵まれた作曲家でしたが、彼の音楽観や感覚は一九世紀半ばくらいまでに形成されました。そのため、激動の時代の中でどんどん変わっていく音楽の潮流にはついていけなくなってしまいました。芸術家にとって長生きが必ずしも幸福ではない例のひとつです。

ジョルジュ・ビゼー　一八三八－一八七五

ビゼーは間違いなく早死にしすぎた天才です。事実上、彼の名声はたったふたつの作品、つまりオペラ『カルメン』と、オーケストラのための『アルルの女』組曲に拠っています。

『カルメン』のストーリーは何となくご存じでしょうか。次々に男を好きになっては捨てるカルメンという奔放な女が、ドン・ホセという愚直な男にちょっかいを出してしまったがゆえに、殺されてしまうという話です。多彩な音楽が盛り込まれ、オーケストラの響きは色彩的で、作曲のお手本ともされています。

『アルルの女』はもともとは同名の芝居（『最後の授業』のアルフォンス・ドーデ作）のために書かれました。実はこちらも、ある女を好きになってしまったがゆえに、悲惨な死を遂げる男の話なのです。カルメンとうり二つです。どうやら、作曲者にとってこのようなテーマが重大な関心事だったことがわかります。華々しくもあれば、劇場的な雰囲気もあり、沈みこむような悲しみもあり、まったくたいした音楽です。

私が感じるところでは、ビゼーの音楽は、一見華麗なところでも、何か風が吹き抜けていくような虚無感があります。それが早世と関係あるのか。ある気がします。

ガブリエル・フォーレ　一八四五－一九二四

長い間フランスの作曲家たちにとって、パリのオペラ座で成功を収めることが夢でした。が、フォーレはそちらにはあまり興味がなく、オルガニストを続けていた人です。代表作は何と言っても『レクイエム』です。レクイエムを書いた作曲家は数えきれないほどいますが、フォーレとモーツァルトの作品が圧倒的な人気を誇っており、それに続くのがヴェルディあたりでしょう。モーツァルトの作品は未完成のままで作曲者が死んでしまったし、ヴェルディの作品はあまりにもオペラ的で激しすぎるということになれば、もしレクイエムをひとつだけ世に残すというのであれば、フォーレ作になるかもしれません。

曲頭からして、神に対する強い呼びかけです。どうか死んだ人の魂を救ってほしい、永遠の光の中へ連れていってほしい、そう生きている人たちが祈るのです。

全体として荘重ですが、過度に暗かったりはしません。なぜなら、神への信頼があるからです。ソプラノあるいはボーイ・ソプラノが歌う「ピエ・イエズ」の楽章は、単独でも演奏されます。

最後には、あたかも明るい天国へ迎え入れられるかのごとき、安らぎに満ちた、静かで明るい音楽に至ります。まさに浄化という言葉が似あいます。

クロード・ドビュッシー　一八六二－一九一八

フランスの音楽の代表者をひとりだけ挙げろと言われたら、多くの人がドビュッシーを選ぶのではないでしょうか。たとえば、ピアノのための「月の光」。柔らかい夜の大気の中を白い光が降り注ぎます。夜なのに明るいというと変ですが、闇よりも光が強い感じがします。夜や月を示す曲はドイツ系の人々によっても作られましたが、こういうふうに柔らかくはならない。それに、どことなくおしゃれで粋な感じもします。そういえば、日本ではベートーヴェンの曲は「月光」と呼ぶのに、ドビュッシーは「月の光」です。日本語の語感としてもこちらのほうがやさしい感じですね。

「月の光」は『ベルガマスク組曲』というセットの中の一曲です。ドビュッシーはピアノのために詩情あふれる音楽をたくさん書きました。たとえば、「亜麻色の髪の乙女」というのは、甘い題名もあって人気があります。これもいい曲ですが、たとえば「沈める寺院」はどうでしょうか。「寺院」と普通は訳されていますが、原語は「カテドラル」です。海の中に沈んでいる大聖堂が浮上してくるが、また沈んでいくという幻想的なイメージで書かれています。実にミステリアスな魅力があります。

ピアノ以外では、オーケストラ曲の『海』が聴きごたえがあります。あるときは静まり返り、あるときは荒れ狂う海。どちらも同じ海です。ドビュッシーは海とか雲とか、形が定まっていないもの、連続的に変化するものに興味を持ち、発想の源としていました（「雲」という曲もあります）。葛飾北斎《かつしかほくさい》の有名な絵が影響を与えているという説もあります。

彼の唯一のオペラ『ペレアスとメリザンド』は、『青い鳥』で有名なメーテルリンクの原作に拠っています。わかるようなわからないような不思議な不倫の物語で、ドビュッシーはワーグナーもたくさん聴いていましたから、その影響がはっきり表れています。このオペラが音楽史上重要とされているのは、普通のオペラのようなはっきりしたアリアがなく、フランス語の響きを生かした半ば音楽、半ば台詞のような歌が続いていくからです。まどろんでいるような『牧神の午後への前奏曲』、独奏ハープがたいへん印象的な『神聖な舞曲と世俗的な舞曲』もドビュッシーらしいとろけるような官能美に満たされた名曲です。

ドビュッシーの音楽には、東洋風でエキゾチックな趣もありますが、それは彼がいにしえの旋法が好きだったからで、節回しが独特になるのです。また、印象的な曲名も多い。

エリック・サティ　一八六六－一九二五

フランスは自由や唯我独尊を重んじるというイメージがありますが、一方では音楽のアカデミズムがほかのどこよりも強固でした。伝統的な技法や形式をしっかり音楽院で学び、よい評価を得て、賞をもらい、イタリアに留学する……それがすぐれた音楽家の典型的なキャリアなのでした。

その音楽アカデミズムの牙城《がじょう》、パリ音楽院に入学はしたものの、そりが合わず、マイペースの音楽活動を続けることになったのがサティです。

もっとも有名な『ジムノペディ』、『グノシエンヌ』は、ピアノ独奏曲ですが、一八八〇年代に書かれた音楽とは信じられません。シンプルの極致のようなメロディーやリズムやハーモニーから、悲しみや空虚感が漂ってきます。この時代はチャイコフスキーやドヴォルザークの代表作が書かれた、重厚長大、荘厳、深刻、深遠が芸術音楽の趨勢でしたから、サティはいかにも時代の逆を行っていたわけです。多くのピアニストが弾いていますが、そっけなく弾くのがかえってよかったり、ちょっとおおげさなロマンティックな風だったり、だいぶ印象が変わってきます。

サティは変わった曲名をつけるという点でも独特でした。『逃げ出したくなる歌』、『悪い手本』、『干からびた胎児』など、いったいどんな音楽かと好奇心をそそられてしまいます。そして、聴き手が想像した内容をサティは軽々と裏切ってしまいます。

もしサティが現代に生きていたら……風変わりな新作を解説しながら弾く音楽タレントとして人気を得ることでしょう。

モーリス・ラヴェル　一八七五－一九三七

よくドビュッシーとペアにしてフランス音楽の代表者とされています。ドビュッシーがやわらかくてふわふわしたマシュマロのようだとしたら、ラヴェルは硬質で、嚙むとカリカリする砂糖菓子でしょうか。特にオーケストラ曲は、いかにも精巧、精密に音が並べられている感じがします。

何と言っても有名なのは『ボレロ』です。ひとつの旋律を楽器を変えながら延々と繰り返し、壮大なクライマックスに到達します。もちろんおもしろい曲ですけれど、さらなる傑作は『ダフニスとクロエ』というバレエ音楽です。ハイレゾ（ハイレゾリューション：高画質）の大画面を見るかのように粒立ちのいい音が鮮やかな色彩で目の前に広がるのです。全曲だといささか長いのですが、要所要所をピックアップした組曲版もあって、これで十分楽しめます。

ラヴェルはドビュッシーと同じく、ピアノ曲とオーケストラ曲を得意にしていましたが、『マ・メール・ロワ』は最初はピアノ版が作られ、のちにオーケストラ向けに編曲されました。「マ・メール・ロワ」とはフランス語でマザーグースのことです。有名な童謡です。ですので、『ダフニスとクロエ』などと比べてもシンプルで明快です。が、音楽的な豊かさはすごい。神秘的な部分では、底の見えない井戸をのぞくような、吸い込まれそうな気持ちにさせられます。

『亡き王女のためのパヴァーヌ』もピアノ、オーケストラ両方で楽しめます。シンプルで素朴だけれど、ラヴェル独特の涼しいような哀感が漂っています。

・イタリアの作曲家たち

ジョアッキーノ・ロッシーニ　一七九二－一八六八

ロッシーニは第一に軽快で滑稽な喜劇的なオペラで一世を風靡した人で、存命中はベートーヴェンよりも人気があったほどです。ですから、彼の本領を満喫するには、オペラを見なくてはいけないのですが、いつでもどこでもというわけにはいかないので、昔から序曲が単体でよく演奏されていました。『セビリアの理髪師』『泥棒かささぎ』序曲といったものです。メロディーは明朗、簡潔で、ややこしいところがありません。『ウィリアム・

テル』序曲も有名ですが、これは喜劇ではなく、もっと壮大なグランドオペラとして書かれた作品の序曲です。劇的な振幅を感じさせるのも当然でしょう。

もしかしたら、オペラよりも『スターバト・マーテル』（悲しみの聖母）のほうが、ストーリーなど気にせずに、純粋に音楽の美しさに身を浸すことができるかもしれません。

ジュゼッペ・ヴェルディ　一八一三－一九〇一

ヴェルディはイタリアでもっとも偉大な作曲家とされている人ですが、創作はほとんどオペラに限られます。力強く、直接的に感情に訴えかける作品をいくつも書きました。『ラ・トラヴィアータ（椿姫）』、『オテロ』など、代わりが見つからないような名作ですが、その詳細については、拙著『オペラ入門』などをご覧ください。

オペラ以外では、『レクイエム』の演奏頻度が高い。死者の魂の平安を祈る曲ですが、オペラのように激しかったり、朗々と歌ったり、日本の葬儀の感覚とはまったく異なります。初演時から、「いくら何でもこれは……」という批判はありました。特に「怒りの日」という神の怒りを表す楽章は強烈で、眠りについている死者もびっくりして目覚めそうな激しさです。

ジャコモ・プッチーニ　一八五八－一九二四

イタリアの作曲家としてヴェルディに次ぐ地位を占めるのがプッチーニで、やはり重要な作品はほぼオペラに限られます。いっそう甘美であり、洗練され、多層的な作品を書いています。ヴェルディが一九世紀的なら、プッチーニは二〇世紀的なのです。しんみりした歌の数々はもちろん、繊細で色彩豊かなオーケストラの扱いもすばらしい。『ボエーム』『蝶々夫人』などは、単なる悲恋物語を超えたおもしろさや美しさを持っています。この作曲家についても、詳細は『オペラ入門』などをご覧ください。

オットリーノ・レスピーギ　一八七九－一九三六

イタリアは何と言っても歌の国、オペラの国ですが、器楽曲の分野でも一流になるべきだと考える人たちも少なからずいたのです。とはいえ、残念ながら、そうした人たちの努力は必ずしも実を結んだわけではありませんでした。

そんな中で、レスピーギの作品だけは例外的に世界中で演奏されています。特に、「ローマ三部作」と呼ばれる『ローマの噴水』、『ローマの松』、『ローマの祭り』、なかでも『ローマの松』が愛好されています。これらの特徴は、たとえるならハイレゾ画面のようなものです。ローマにある噴水、長い歴史を眺めてきたに違いない松、陽気であったり陰惨であったりの祭り、それを最新のカメラで撮影するように音楽にしたのです。色彩感豊かで、オーケストラが繊細かつ朗々と鳴り渡り、贅沢な音のスペクタクルが聴衆を喜ばせます。『ローマの松』の終わりで、古代ローマの兵士たちが進軍してくる場面など、オーケストラの音がまるでリミットがないかのようにひたひたと膨れ上がり、初めてナマで聴いた人は度肝を抜かれるのではないでしょうか。

レスピーギは二〇世紀の人ですが、彼の視線は未来よりも過去を見ていました。それは「ローマ三部作」において古代ローマに想像をはせていることからもわかりますが、『リュートのための古風な舞曲とアリア』は、その曲名からしてもいにしえの世界への憧憬そのものです。滅びたものへの哀惜《あいせき》のような、何とも退廃的な美しさが横溢した名曲です。

・それ以外の国々

ジャン・シベリウス　一八六五－一九五七

フィンランド出身のシベリウスは、北欧を代表する作曲家です。その交響曲を聴けば、いかにも北欧の澄んだ湖、森閑《しんかん》とした風景が目の前に浮かぶような印象を受けます。

ただし、シベリウスは独特の形式を追い求めた人なので、慣れないうちは、曲の起承転結、展開の仕方がよくわからず、つかみどころがないように感じられるかもしれません。

まだチャイコフスキー的なロマンティックな色合いが濃かった交響曲第一、二番が、最後の盛り上がりも強烈ですし、最初は聴きやすいかもしれませんが、本当にシベリウスらしい音楽は第三番からあとです。

二〇世紀の作品は、どんどんオーケストラを拡大していって、音色のパレットを増やしたという傾向が顕著ですけれど、シベリウスはそういった趨勢とは無縁でした。かといって、彼が西ヨーロッパと無縁だったわけではまったくなく、どこでどういう音楽が作られたかは知っているうえで、自分の個性を磨き上げたのです。

澄み切った響きゆえ俗世を超越した人だったように思われがちですが、女性に対しては大いに情熱家であったと伝えられています。おそらくそういうエネルギーが人知れず封じ込められているのがシベリウスの作品なのでしょう。最後の交響曲、第七番には特にそういう気配がします。

短めのオーケストラ曲として勇ましい『フィンランディア』、暗鬱な『悲しきワルツ』なども愛聴されています。

グスタヴ・ホルスト　一八七四-一九三四

吹奏楽の世界では佳曲とされる作品も書いていますが、事実上『惑星』一曲だけで名を残しているイギリスの作曲家です。

水星から海王星まで、それらのイメージに触発された音楽を並べた『惑星』はちょっと不思議な曲で、ナマで聴くよりも録音のほうが愉しいのです。ナマだと、案外すかすかというか、隙間風が吹くというか、大味なのですが、録音だとあまり気になりません。

一番有名なのは「木星」ですが、最初に置かれている「火星」は、軍神のイメージに基づくだけに、何もかも踏みにじる戦車部隊の行進のようで、不安や恐怖を煽ります。そのあとに「平和をもたらすもの」として「金星」の楽章が置かれているのが意味深い。確かにやさしくて柔らかな音楽なのだけれど、「火星」に比べると何と弱々しいのでしょうか。作曲されたのは第一次世界大戦のさなかで、まだ終わりが見えていない時期だった、と聞けば大いに納得できます。


フレデリック・ディーリアス　一八六二－一九三四

イギリスの音楽ならば、ホルストよりもむしろディーリアスをお薦めしたいと思います。

ひとことで言えば、抒情美の作曲家です。穏やかで、やわらかくて、物静かで、官能の気配もあって、何とも言えない風情があります。やわらかいタッチの風景画のようだと言ってもいいです。確かにそれは風景なのですが、描いている人の気持ちも表れているような。

刺激のある音楽、興奮させる音楽だけが好きというのでなければ、オーケストラのための『春初めてのカッコウを聞いて』など、魔法のような五分間が経験できます。これに限らず、ディーリアスの美しい音楽は、一〇分に満たない抒情詩のようなものが多いのも特徴です。長く大掛かりなものをいかに有機的に構成するかに知恵を絞ってきたクラシック音楽の本流からは外れた異端派とも言えます。

ベーラ・バルトーク　一八八一－一九四五

ハンガリー第一の作曲家としてバルトークの名を挙げるのに異議を唱えるのはよほどのへそ曲がりだけでしょう。ハンガリーは独特の文化を持ち、たとえば姓名の順番もほかの欧州諸国とは異なります。バルトークは、ハンガリー風だとバルトーク・ベーラとなるのです。また、ハンガリーには独特の音楽があり、特に情熱的で激しい舞曲は広く知られていました。しかし、純粋に芸術的な意味で高度な成果を得たのは、(各地で暮らした国際人的なフランツ・リストのあとでは) バルトークの登場まで待たねばならなかったのです。

しかし、バルトークの作品が、誰もが聴いてすぐに好きになれるかというと、微妙です。簡単に言ってしまうと、高級すぎるかもしれません。つまり、難しい音楽に慣れてから聴いたほうが耳になじむかもしれません。そのせいもあって、バルトークの真価はなかなか理解されず、アメリカに移住したものの、生活は苦しく、寂しい死を迎えました。

その彼の一番の人気作が『管弦楽のための協奏曲』です。晩年の作曲家が、聴衆へのわかりやすさも考えて、かつてより明快さを心がけて書いた作品で、オーケストラの各楽器が表現力や名技を競います。とはいえ、気づく人は気づくはずです。全体としては変化に富んでにぎやかでもあるこの音楽は、実は苦渋と皮肉に満ち溢れていることに。出だしの恐ろしいほどの陰鬱さ。一見軽妙なようでいて寂しさを漂わせる木管楽器の遊戯。鬱々《うつうつ》としすぎて誰も聴いてくれないような孤独なエレジーは、森の中の誰も知らない深い沼のような不気味さです。そこから、わざとらしく明るく転じてのフィナーレは、妙に華々しく、古風なフーガを繰り広げます。逆に言うと、この作品を演奏しても苦みを感じさせない指揮者やオーケストラは、理解が足りていないということになります。

この曲よりも若々しく得体の知れないエネルギーに満ち溢れているのが『中国の不思議な役人』です。これはもともとパントマイムや踊りのための音楽なのですが、内容があまりにもわいせつすぎて、音楽だけが演奏されることが圧倒的に多いのです。お上品な表現が時代錯誤となり、むやみとエログロ的な表現がはやった一九二〇年代の音楽でもあります。

『青ひげ公の城』は一時間ほどの短いオペラですが、次々に結婚しては妻を殺す青ひげ公が「これが私の領地だ」と誇る個所では、まさに鳥肌が立つようなすさまじい音をオーケストラが出します。豪華絢爛なのに怖い音なのです。

バルトークはほかにも『無伴奏ヴァイオリンのためのソナタ』、三つのピアノ協奏曲など数々の名作をものにしました。今すぐでなくても、いつの日か大いに堪能していただきたい作曲家です。

カール・オルフ　一八九五－一九八二

『カルミナ・ブラーナ』が最大のヒット作です。そのたいへんドラマティックな冒頭部分は、テレビや映画などどこかで耳にしたことがあるはずです。この冒頭だけではありません。とにかく曲全体が異常なまでの熱気とエネルギーを発散しているのです。高級感があるクラシック音楽としてはちょっと原始的？　そんな感じがします。

『カルミナ・ブラーナ』の元になったのは、あるドイツの修道院に長年眠っていた、今から一〇〇〇年近く前の人々が書いた詩です。そこには彼らの生の歓びや悲しみがくっきりと表現されていました。この曲はそうしたいにしえの人々の生活感情を生き生きと描き出していきますが、最後、思いがけず運命の女神によってすべてがぶち壊されてしまうのです。

いくら飲めや歌えやで大騒ぎし、快楽や幸福を追い求めたところで、人間などしょせんか弱く儚いもの。運命の女神がぐるぐる回す運命の大車輪に対しては無力です。

シンプルなリズム、言葉を叩きつけるような歌、原始的な音楽の歓び……それらはおのずと洗練や高度な技術を追い求めてきた西洋の音楽史の中では十分に衝撃的でした。

初演されたのは一九三七年、ナチ政権下でのドイツ。もしや、文明の発達がおのずと破滅を引き寄せてしまうことが、漠然とであれ予感されていたのか。そう思わされます。

ジョージ・ガーシュイン　一八九八－一九三七

アメリカにもクラシックの作曲家はいるのでしょうか。

実はアメリカにも交響曲やオペラを書いた作曲家が大勢います。ですが、そういう人たちの作品が日本の聴衆に親しまれているとはとても言いがたい状況です。

唯一、広い層から評価と人気を得ているのはガーシュインだけです。とはいえ、彼の作品を聴いた人は、「これ、クラシック？」と思うかもしれません。ジャズだか、あるいはほかのジャンルの音楽ではないのか。

まことにガーシュインはユニークなのです。確かに、クラシックみたいな旋律やリズムではない。トランペットのソロも、ジャズみたいだ。あるいは、妙に陽気なノリだとか。ところが、ガーシュインはヨーロッパの大作曲家のようになりたくて、努力を続けた人でした。

『ピアノ協奏曲　ヘ調』、『ラプソディ・イン・ブルー』、『パリのアメリカ人』あたりがもっともポピュラーです。特に『ピアノ協奏曲　ヘ調』は、ヨーロッパのクラシックとは雰囲気が大違いなのですが、作曲者がラフマニノフのような協奏曲を一生懸命書こうとしたことはよくわかります。特にヨーロッパの演奏家が手掛けると、です。アメリカの演奏家は、ごく当然にアメリカっぽく演奏するので、そのあたりが見えにくくなります。

ガーシュインは『ポーギーとベス』というオペラも書いています。これまたちょっと聴くとミュージカルのようでいて、内容は実に重たく、長さもたっぷりとある大作です。

一見華やいでいる、情熱的で、元気のよさそうなガーシュインの音楽からは、同時に刹那感、哀切感もします。しかも、都会風の。にぎやかな大通りだけれど、ちょっと視線をずらすと、暗くて細い道があるみたいな。浮かれ騒いでいる人たちも、実は孤独だったり、不安だったりするような。

アルノルト・シェーンベルク　一八七四－一九五一

「現代音楽」の祖先のような人ですが、たいそう皮肉なことに、もっとも広く愛好されているのは、その「現代音楽」に突入する前のロマンティックで甘美な『浄夜』という作品です。「私、妊娠したの……あなたの子ではないわ」と告白する女と、告白される男についての詩（デーメル作）がもとになっています。本来は弦楽六重奏曲なのですが、弦楽合奏用に編曲され、これが実に生々しく官能的な響きがするのです。

『グレの歌』は、若き芸術家の誇大妄想が表されたような大曲で、マニアに好まれています。これとか『浄夜』などで、「もう勝手にしなさいよ」と言いたくなるくらいグズグズグダグダのロマンティックでセンチメンタルな極限まで行ってしまった人が、まるでその反動のように、普通の人が聴いてもどれがメロディーだかもわからないような作品（というか、普通の意味でのメロディーがないのですが）を書くようになってしまうのです。

チャイコフスキーやラフマニノフのピアノ協奏曲を愛聴する人も、シェーンベルクのピアノ協奏曲には閉口するのではないでしょうか。とはいえ、どんなものにでも慣れるもので、わけがわからないと思われる作品でも、繰り返し聴くうちに、何となく親しみを覚えるようになるのがおもしろいところ。

アルバン・ベルク　一八八五 - 一九三五

シェーンベルクの弟子ですが、師よりも耽美的でロマンティックな音楽を書きました。特にふたつのオペラ『ヴォツェック』、『ルル』が音楽史に残る傑作ですが、「ある天使の思い出のために」という副題を持つ『ヴァイオリン協奏曲』もそれに劣らず魅力的です。

没落したい、甘美と悲哀の中に溺れて死んでしまいたい、そういう破滅願望的な傾向が強い作曲家でした。ふわふわというほど軽くない、しめりけを帯びた夜の霧のような響き。その闇の中に蠢くさまざまな思い。

アントン・ウェーベルン　一八八三 - 一九四五

シェーンベルクの弟子です。わずか数分のきわめて短い、しかし凝縮された曲を書きました。何しろ『交響曲』ですら約一〇分なのです。俳句のような音楽?　そうかもしれません。

常識的には、ひとつの旋律はひとつの楽器で奏されるのですが、ウェーベルンの曲では、次々に楽器が変わっていきます。とてもミクロな感じです。そのため演奏は容易ではありません。私はウェーベルンの音楽を聴いていると、目をつぶって瞑想しているような気持ちになります。風の音、雨の音、そういうものがすべて微細に聞こえてくるような感じとでも言いましょうか。

第二次世界大戦が終わって間もなく、誤って米兵に射殺されてしまうという悲劇的な死を迎えました。

オリヴィエ・メシアン　一九〇八－一九九二

フランスの現代作曲家ではもっとも名高い人です。戦争中はドイツ軍の捕虜となり、収容所に入れられて、そこで『世の終わりのための四重奏曲』を作曲しました。作曲された環境からしても、甘美や幸福からは遠い厳しい音楽であることは誰にでも想像できるでしょう。

いっそう有名なのは『トゥランガリラ交響曲』です。聴けば誰でも一度で覚えられます。というのも、この曲ではオンド・マルトノという、「ひゅー」という不思議な音を出す電子楽器が用いられているからです。クラシック名曲のコンサートで、舞台上にスピーカーが堂々と置かれるのはきわめて珍しく、この曲くらいかもしれません。

騒がしいところは猛烈に騒がしいのですが、静かなところでは非常に陶酔的な抒情美が楽しめます。太陽のような明るい光の中でとろける感じです。曲名はサンスクリット語で、「愛の歌」という意味があります。

武満徹　一九三〇－一九九六

日本にも、明治維新以来、交響曲やオペラを手掛けた作曲家はたくさんいます。そのうち、ひとりだけ、武満徹の名前を挙げておきましょう。

武満の代表作のひとつが『弦楽のためのレクイエム』です。弦楽だけで奏される沈痛な音楽なのですが、少しばかり甘美や神秘性も混じります。武満作品には、パレットの上に絵の具を絞り出し、さらにそこに別の絵の具を絞り出して混ぜていくというような音色や響きの感覚があります。その色のぐあいをしっかり目で見ている、つまり音の様子にじっと耳を凝らしているような様子もあります。それは、古池から聞こえる水の音に耳を澄ますような感覚にも似ています。武満は、海外ではたいへん日本的な、東洋の神秘を表した作曲家と評価されていましたが、それも無理はありません。

武満は、映画やテレビのための音楽もたくさん書きました。そんなときは思い切って甘ったるくセンチメンタルな曲調にしました。あなたも知らずに耳にしているかもしれません。

故郷は遠くにありて思うもの？

ドヴォルザーク『交響曲第九番「新世界から」』は、作曲者のアメリカ滞在中に書かれました。ドヴォルザークがアメリカの金満家から破格のギャラで音楽院の院長として雇われ、ニューヨークで暮らしていた時期です。

この作品には、ドヴォルザークがアメリカで聴いた黒人音楽の影響が認められますが、全体としては、はるかなるチェコに思いをはせる望郷の念が表れているとされています。そのころ、ヨーロッパとアメリカの間には安定した航路があり、多くの音楽家がアメリカに渡っていましたが、現代の飛行機旅行とは比較にならないお金と時間と準備が必要でしたから、まだまだ両者の距離は遠かったのです。

ドヴォルザークと同じ時代に活躍した作曲家としてはほかに、ロシアの作曲家チャイコフスキーがいます。ドヴォルザークの音楽からボヘミア（チェコ）の匂いがするのと同様、チャイコフスキーの音楽にはロシア的な色あいがあり、それが魅力になっています。

では、ドヴォルザークやチャイコフスキーは、愛する祖国でずっと暮らしていたのでしょうか。それがそうでもないのです。モーツァルトが生きた一八世紀には、旅行と言えば馬車が頼りで、幼いモーツァルトはあまりにも長時間馬車に乗っていたために健康な発育がかなわなかったという説すらあります。しかし、時代も下って一九世紀も後半になるとどんどん鉄道路線が整備され、旅行はずっと容易になりました。チャイコフスキーは、イタリアやスイスに滞在するのを好みました。当時のロシアはまだ貧しく、遅れていました。チャイコフスキーにとって、現実のロシアではなく、理想的な「ロシア」に憧れるほうが快適だったのです。交通手段が進歩したとは言っても、現代のように飛行機でひと飛びとはいきませんから、イタリアやスイスあたりからロシアに思いをはせるのが、ちょうどよい距離感だったのでしょう。

ドヴォルザークのほうは、アメリカへは船に乗って大西洋を横断しなければなりませんから、そう気楽に行き来する距離ではなく、ホームシックにかかって、とうとうプラハに引き上げてしまいました。ちなみに、石川啄木《いしかわたくぼく》の「ふるさとの　訛なつかし停車場の　人ごみの中に　そを聴きにゆく」ではありませんが、ドヴォルザークもアメリカでチェコ語に接すると喜んだそうです。プラハから遠くないウィーンに住まないかという提案を断ったこともあり、チャイコフスキーよりは地元志向が強かったと言えるでしょう。

独特の舞曲であるマズルカなど、ポーランドの音楽を積極的に取り込んだショパンは、ワルシャワを去り、パリにたどり着くと、そこに定住してしまい、二度とポーランドの土を踏みませんでした。旅行もすれば、再びワルシャワに戻るチャンスもあったにもかかわらずです。彼にとっても、祖国は彼方から夢見るほうが美しかったのでしょう。

故郷喪失は、近代の文学や芸術において欠くことのできないテーマのひとつですが、帰りたくても帰れないというより、実は自分にとっての「故郷」は現実としては存在せず、心のうちにしかないということをチャイコフスキーやショパンは示しており、また、それこそが故郷喪失の本質なのです。

子どもと音楽

チャイコフスキーにとっては、幸せな子ども時代も甘い追憶の対象でした。少女と人形やおもちゃたちの物語、有名なバレエ音楽『くるみ割り人形』はそういう彼だからこそ書けた美しい音楽なのです。でも、どうあがいても過去の幸せに戻ることはできません。いわば、子ども時代は、空間的ではなく、時間的な故郷と言えるでしょう。やはり、心の中にしか存在しないような。

シューマンも『子供の情景』という名作をものにしています。ピアニストとして立とうとしたものの失敗した彼の作品には屈折していて、妙に自意識が強くて、力んでいるような作品も多いのですが、『子供の情景』はたいへん素直な音楽です。遊びに夢中になり、哀しくなれば泣き、疲れれば眠る。子ども時代とはまだ屈折も自意識も必要なかった平和な時期として表されています。

ラヴェルの『子供と魔法』は、まさに絵本のような作品です。オペラですが、わずか四〇分ほどで、それにもかかわらずラヴェル独特の魔法のような不思議で美しい響きに満ちています。全体は子どもの「おかあさん」という歌詞で、すっと消えるように終わります。哀切で、余韻が残ります。その哀しみは、きらりと光る涙のよう。

マーラーは、曲の中にたびたび軍楽調の音楽を登場させ、当時の人々を驚かせ、呆れさせました。実はマーラーは子ども時代に軍楽に親しんでおり、それがことあるごとにフラッシュバックしたようなのです。つまり、マーラーにとって作曲とは、人間の頭の中の時間的な推移、意識の流れを記述したものと言ってもよいのですが、当時の人々にとっては突然流れ出す軍楽は悪趣味としか思えなかったのでした。しかし、故郷喪失者を自認していたマーラーにとっては、軍楽は自我の一部となっていて消去できない記憶であり故郷だったのでしょう。

ドビュッシーにも『子供の領分』という人気作品があります。愛娘《まなむすめ》のために書いたとも言える愛らしい音楽です。それだけに、追憶の苦みを感じさせず、これまで挙げてきた作品とは異なった微笑ましさがあります。

音楽家は恋愛においても情熱家であることが多かったようです。

もっとも有名なのはベルリオーズです。ある女優に恋したものの、無名の作曲家は当然のごとく無視されてしまいます。そこで彼は、自分の恋や妄想を『幻想交響曲』という華々しく、甘美で、かつグロテスクな作品にまとめあげ、情熱を芸術作品に昇華させることに成功しました。

ワーグナーは、友人であり支持者でもある名指揮者の妻を強奪して結婚。まさに恩を仇で返す極悪ぶりに、世間は顔をしかめました。その前にも、経済的な支援者の妻と怪しい関係になり、醜聞となったことがありました。ただし、ワーグナーの場合、すべてが芸(術)の肥《こ》やしになったという面は確実にあります。

他方で、ワーグナーが尊敬したベートーヴェンは、一生報われぬ恋を続けたようです。何度も貴族令嬢に心惹かれたものの、身分差は乗り越えがたく、またベートーヴェンの性格も災いして、彼と男女の仲になろうとする女性はいなかったのです。

ブラームスはシューマンの妻に恋心を持っていたようですが、シューマンが病に倒れたあと、ふたりの間で何があったかは神のみぞ知るです。何もなかったからこそ、ブラームスはかえって情熱的な音楽を書くことができたとも考えられます。

現代のように自由に男女交際ができる時代ではなかったので、昔の男は欲望を紛らわすために娼婦を買うのが普通でした。そうした男たちにとって、一番恐ろしいのは梅毒でした。シューベルトの大傑作『未完成』は、梅毒感染が判明した絶望感から生まれた作品だと主張する人もいます。徐々に思考力も減退し、シューベルト晩年の作品はむやみと繰り返しが増えました。

シューマンも梅毒にやられてしまったひとりです。脳を侵され、正気を失ったシューマンは、最後は愛する妻も見分けられなくなったといいます。チェコ音楽の父のようなスメタナも梅毒によって錯乱状態に陥り、やがて世を去りました。

このような音楽家に加えて、詩人のハイネやボードレール、哲学者のニーチェ、小説家のモーパッサン……と名を挙げてゆけば、梅毒によって失われた一九世紀の文化人の多さには慄然とするしかありません。

芸術分野では多くの同性愛者が活躍しています。彼らがいなかったら、デザインやファッションの世界など成り立たないでしょう。私たちの文化に大いに寄与しています。

クラシックも例外ではなく、作曲家としては、フランス・バロック音楽の立て役者とも言えるリュリがそうでした。あの豪華絢爛な音楽を作り出した感性は、なるほどそういうことかと思わされます。男どうしでいちゃいちゃする様子が度を越えていたので、王様に注意されたこともあります。また、同じくバロックのヘンデルも同性愛者でした。何とも言えない細やかなニュアンスを持つ美しい旋律線は、確かに繊細なデザインの線のようにも感じられます。

時代が下ると、チャイコフスキーが有名です。彼の死は突然だったので、同性愛をとがめられて自殺させられたという説が広まったほどです。形だけの結婚をして大失敗してしまった一方、次から次へといろいろな若い男に恋をしていました。たくさんの写真が遺されていますが、男といっしょに写っている写真では明らかに機嫌がよさそうです。

演奏家にも同性愛者は大勢います。みやびで華麗なバロック音楽は、一種のゲイ・カルチャーと見なしてもよいでしょう。

個人の性的指向ですので、現代あるいはそれに近い人たちの名前を挙げることはやめますが、なかには自ら同性愛者と公言している音楽家もいます。ひところは「成功するためにはゲイかユダヤ人でなければならない」とまで言われましたが、おそらくそれは才能がない者の卑しい妬《ねた》みだったのでしょう。

また、同性愛、異性愛かかわりなくハラスメント、場合によっては犯罪が問題になるケースもあります。美しい音楽は人間の魂をも美しいものにするのか？　この問いには、残念ながら、そうとは言えないと答えるしかなさそうです。芸術家はその瞬間の美や感情表現に命を懸けている人たちですから、一般人からするとめちゃくちゃに見えることはしばしばです。ある有名指揮者は、美人を見かけるとむやみと抱きついたりして世界的なスキャンダルになってしまいましたが、それだけ美を求める気持ちが強く、抑えかねたのかもしれません（もちろん、皮肉です）。

第七章　代表的な演奏家たち

この章では、著名な演奏家について簡単に触れます。全ジャンルだとあまりにも多くなってしまうので、もっとも人気がある指揮者とオーケストラ、ピアニスト、ヴァイオリニストに絞ります。

・指揮者

ヴィルヘルム・フルトヴェングラー　一八八六－一九五四

ある意味、クラシックの、あるいはそこまで言わなくても指揮者、あるいはドイツ音楽の代名詞のようになっている指揮者です。死んでから七〇年も経とうというのに、いまだに熱狂的に崇拝されています。

得意なのはベートーヴェン、ブラームス、ワーグナーで、一九世紀の匂い（と言っても、私も嗅いだことはないけれど、いかにもそれらしい）を宿しているのが特徴です。今は何でも正確でなければいけない時代になってしまいましたが、フルトヴェングラーは小手先の正確さではなく、作品全体の大きな流れで聴かせます。そして何より、激しい個所での熱さが現代の聴き手にとっても魅力的なのです。見た目がはでな指揮者は現代にもいくらでもいますが、目をつぶって聴けば、たいがいは見掛け倒しだとわかります（目を開けて、その見掛け倒しにあえて騙されるのも、ひとつの楽しみ方ではあります）。が、フルトヴェングラーは違います。

むやみと濃厚でロマンティックなのが今日的な感性とは違って古臭く感じられなくもないけれど、ブラームスの『交響曲第四番』などを聴くと、作曲家の存命中はこういう演奏が行われていたのだろうなあと想像させます。禁断の愛の物語であるワーグナー『トリスタンとイゾルデ』前奏曲も、単にエロティックなだけでなく、奥深い精神性を感じさせます。この精神性こそが、同時代の指揮者の中でもフルトヴェングラーがひときわ高く評価された理由です。その精神性とは何か。これをめぐっては昔は大いに議論されたものですが、実はわからない人にはわかりませんし、わからない人はたくさんいます。みんながわかったら、次に挙げるカラヤンの出る幕はなかったかもしれません。

ヘルベルト・フォン・カラヤン　一九〇八－一九八九

フルトヴェングラーの次の時代のアイコンと言ってもいいでしょう。もともとフルトヴェングラーのオーケストラだったベルリン・フィルハーモニー管弦楽団を自分のものに作り上げ、トップクラスの名奏者を集め、ゴージャスでリッチで流麗な音楽を奏でるさまは、カラヤン美学と呼ばれていました。立派な音を堂々と鳴らした音楽は、車にたとえるなら、大きなエンジンを載せたベンツの上級モデルです。快適で、危なげなく、力があり、誰もがその質に納得します。あるいは、高級ホテルのようだと言ってもいい。立派な玄関、ぶあついカーペット、丁寧なお出迎え。

しかし、作曲家がその作品で何を言いたかったのか、どうしてこういう書き方になったのかといったことには無関心な演奏です。「そうか、作曲家はこういうつもりでここを書いたのだな」という、作曲家の心にじかに触れたような気持ちにさせられることはまったくと言ってよいほどありません。だから、初心者はともかく、鑑賞歴が進んでくると、「カラヤン？　まあ、確かに立派で高水準なんだけどね……」と思うようになる人が増えます。

また、破格のギャラを要求した点でも有名でした。本来、金銭との間に一線を画すべき芸術が、すっかり商業的になってしまったのはカラヤンに一因があると、かつてはさんざん非難されたものです。

こういう人ですので、ベートーヴェンは向いていません。ベルリン・フィルとのリヒャルト・シュトラウス『ツァラトゥストラはかく語りき』はどうでしょう。重量感あるオーケストラが思う存分音の快楽に浸っています。貧乏人の心意気ではなく、お金持ちの饗宴のような演奏です。確かに立派な音楽であることは間違いありません。

セルジウ・チェリビダッケ　一九一二‐一九九六

フルトヴェングラーは第二次世界大戦後、ナチスとの関係を疑われて、一時期演奏禁止にされてしまいました。その間、ベルリン・フィルとともに奮闘したのがチェリビダッケです。しかし、エキセントリックで厳しい性格が災いとなり、このオーケストラとは袂《たもと》を分かちました。

録音では音楽は伝わらないと主張してレコード作りを拒否したことでも有名ですが、放送オーケストラを頻繁に指揮していたので、主要なコンサートの少なからずが放送され、録音が存在しているのが皮肉です。

異常に繊細なドビュッシーやラヴェル、あまりにも雄大で神秘的なブルックナー、世界の秘密のすべてがこもったような濃厚きわまりない小品、歌詞のひとつひとつの意味にまで肉薄するようなフォーレの『レクイエム』などなど、チェリビダッケの演奏は個性的であるがゆえに、受け入れられない人もいましたが、崇拝者もたくさんいました。

彼の演奏会は、娯楽の催しというよりも、宗教的な儀式のようでした。そんなコンサートをする指揮者は、今はもう誰もいません。

レナード・バーンスタイン　一九一八－一九九〇

アメリカ人として初めて世界的な成功を収めた指揮者です。カラヤンよりちょっと年下ですがほぼ同時代の指揮者と言ってよいでしょう。カラヤンよりずっと情緒的で、演奏に乱れが生じることを恐れずに激しい感情表現を行いました。身振りも大きく、高級感あふれるクラシックを愛する人からは、品がないと批判もされていました。しかし、実は非常に知的な人でもありました。

得意な曲は何と言ってもマーラーです。バーンスタイン自身、自分が作曲したのではないかと錯覚するほど打ち込んでおり、作品と演奏家が一体化したものすごく熱い演奏で、聴衆を圧倒しました。手始めに『交響曲第一番』や『第二番』、それに慣れたら『第九番』（イスラエル・フィルとの共演）をお聴きください。

特に晩年は、のろのろじくじく、これでもかと言わんばかりにしつこい個性的な演奏を行っており、チャイコフスキー『悲愴』やモーツァルト『レクイエム』は、強烈だけれど、異形と言うほかない音楽になっていました。

ミュージカル『ウェストサイド・ストーリー』の作曲者でもあります。

小澤征爾　一九三五－

カラヤンとバーンスタインの教えを受けた小澤ほど、日本人として世界的な活躍をした指揮者はいません。その音楽に関しては批判も多く、私も手放しで褒めることはとうていできませんが、ちょうど日本の工業製品が海外で評価を高めていくのと並行して出世していった小澤は、時代の偶像のひとつになるという運命を背負わされていたのです。私より上の世代の音楽愛好家が、世界に羽ばたく小澤の姿の中に日本の夢を見ていたのはまぎれもない事実です。

演奏は基本的にあっさりしたもので、そこにエネルギッシュな勢いが加わります。深さ、複雑さは求められません。もっとも得意な曲は、本人自身も認める通り、チャイコフスキーの『弦楽セレナーデ』です。どういうわけかこの曲を指揮するときには、まさに全身全霊がこもった熱く、また祈りのような音楽になったのでした。これは、彼の師であった齋藤秀雄《さいとうひでお》ゆかりの曲でした。

ピエール・ブーレーズ　一九二五－二〇一六

本来は指揮者であるよりも作曲家なのですが、彼の作品を好んで聴く人はそう多くはなく、それよりも指揮者としての人気が高かったのは否定できません。

安易な感情移入やロマン主義を拒み、作品がどう書かれているかを克明に表現する演奏を一九八〇年代以前には行っていました。私はそのころの録音、たとえばベルリオーズ『幻想交響曲』、ラヴェル『ダフニスとクロエ』、ストラヴィンスキー『火の鳥』などを明確な主張を持ったたいへん魅力的な演奏だと思います。熱くなってはいけないんだよ！と熱く語っている青年のような趣がありました。一九九〇年代になると、すっかり脂が抜け落ちて淡々とした演奏をするようになり、こうなると、何をやっても同じように聞こえます。

ニコラウス・アーノンクール　一九二九-二〇一六

古楽器演奏の旗手でした。ウィーンのオーケストラのチェロ奏者でしたが、それには飽き足らず、曲が生まれた時代の演奏法を試行錯誤し、独自の様式を打ち立てました。もっぱら自分の楽団で、そして各地の有名オーケストラで、アーノンクール節とも呼ぶべきあくの強い音楽を披露しました。激しい演奏が、乱暴に聞こえることもままあり、強弱のコントラストがどぎついと嫌悪を覚える愛好家もたくさんいました。

この曲はこういう曲だ、この時代はこういう時代だった、とたいへんはっきりしたコンセプトに基づいて演奏します。一直線に進む熱っぽい音楽で、汚い音、下品な音も躊躇しませんん。音楽はただきれいなだけではだめだと言うのです。こうした考えは徐々に理解され、支持者を増やしていきました。

最晩年に録音したベートーヴェンの『交響曲第五番』は、作曲者の自由への思いを強く打ち出した感動的な演奏です。ハイドンでは、遊び心が強調されています。『交響曲第一〇〇番「軍隊」』の第二楽章を、アーノンクールはたいへん優雅に振り始めます。そこに襲い掛かってくる狂暴な軍楽。まさにこの世の縮図です。怒りに狂ったようなモーツァルト、土っぽい味わいがあるドヴォルザーク。アーノンクールの音楽は、鈍感になってしまった常識的な感性に対する挑戦です。

カルロス・クライバー　一九三〇－二〇〇四

二〇世紀の終わりごろに神格化されていた人です。晩年にはめったに指揮をしなくなり、コンサートの予定が発表されるだけで、いや、噂が流れるだけで大騒ぎになりました。

たいへん神経質な人でしたが、いったん指揮台に上がるや、魔法のような音楽で聴衆を虜にしました。その鮮烈な音楽を録音で楽しむのは容易ではありません。音のひとつひとつが想像を超える異常な生々しさ、恐るべき表現力を持っており、全体としての生命感も並外れていたのです。頭をぶんなぐられるような強い音、心臓をえぐるような凄惨で悲劇的な響き、神々が天駆けるような疾走。あまりにもシャープな切れ味を持っていました。

レコーディングのすべてが専門誌などで最高の評価を得ているほどですが、ナマを聴いたことがない人にどれくらい本当のすごさが伝わるのか、私には確信がありません。なかでも、ドラマティックな力ではち切れんばかりの『魔弾の射手』序曲、若々しく開放的なエネルギーとしっとりした美しさが両立しているボロディンの『交響曲第二番』にクライバーのすばらしさがうかがい知れると思います。後者ではたっぷりとロマンティックに歌われる第三楽章のあと、猛烈に速いフィナーレがやってくるのですが、ナマで聴くこのような演奏において、どれほどの自由と幸福感がはじけていたかは、とうてい言葉にはできません。まさしく音楽のみが表すことができるものだったのです。そして、段違いの天才の音楽は、あらゆる理屈を木っ端みじんにするのに十分なのでした。

フランス・ブリュッヘン　一九三四－二〇一四

ピアニストやヴァイオリニストが指揮者になる例は多いのですが、この人はリコーダー奏者でした。

リコーダーは縦笛、日本の音楽教育でも重視されてきた、単純と言えば単純な楽器です。ところが、ブリュッヘンはまさしく神業のような技量の持ち主でした。遺された録音をどれでも聴いてみればわかります、ものすごい自由さ、迫力。そして、一流の演奏家はみなそうなのですが、無音の部分の緊張感もすごい。
しかし、もしかしたらブリュッヘンは天分がありすぎて、すぐにリコーダーには飽きてしまったのかもしれません。ある時期からは指揮に打ち込むようになりました。ひとことで言えば、彼のリコーダー演奏と同様、きわめて鮮烈、シャープなオーケストラ演奏を目指したのです。ハイドン、モーツァルト、ベートーヴェン、シューベルトの交響曲は特にすばらしい。そして、本書では作曲家としてラモーの名を挙げていますが、ラモーの組曲は実に典雅です。

ジョルディ・サヴァール　一九四一－

もともとはヴィオラ・ダ・ガンバ、つまり大昔のチェロのような弦楽器の稀代《きたい》の名手として知られていました。繊細で、優雅で、色気があって、わざとらしくなくて、まさに名人と呼ばれるにふさわしい音楽を奏でていました。当然、バロック音楽が主たるレパートリーなのですが、指揮活動が増えて、レパートリーも広がりました。ベートーヴェンの交響曲全集の録音は愛好家に衝撃を与えました。二一世紀におけるベートーヴェン演奏の金字塔と呼んでかまわないでしょう。他方で、モーツァルトの『レクイエム』は、どうしても重たくなるこの作品を軽やかに演奏していて、別の意味で驚かされます。

ウィリアム・クリスティ　一九四四-

フランス・バロック演奏の第一人者です。自分の楽団・合唱団であるレザール・フロリサンを指揮してリュリやラモー、さらにはヘンデルなどのきわめてエレガントな、それでいて劇的な演奏を行います。ヘンデル『メサイア』をこれほど詩的な美しさで演奏する人はほかにいないでしょう。日本では長いことバロック音楽と言えば、バッハひとり勝ち状態が続いていました。それよりずっと落ちるのがヘンデル。さらに落ちるのがフランス・バロック。そういうイメージが流布しています。しかし、世界の趨勢はそうではありません。

ヴェルサイユの庭園でやさしく微笑するマリー・アントワネットが「こっちにいらっしゃいよ」と言ってくれる、そんな錯覚すらしてしまいそうな、とろけんばかりに甘美で憂愁に満ちた演奏を聴かせてくれるのがリュリ、ラモー、シャルパンティエの作品。こういう音楽を聴くと、複雑な作品、長大な作品、重たいメッセージをこめた作品を書いた作曲家のほうが偉いなどとは微塵も思わなくなります。

モーツァルトの『魔笛』の録音は、本来大衆性が強い作品なのに上品で美しい。バッハの『ロ短調ミサ』も、明るい音色、透明感が北ヨーロッパ的な厳粛さや力みとは大きく異なっていて、白い教会の中で光が交差しているようです。

チョン・ミュンフン　一九五三－

ソウルで生まれたチョンは、日本も含む世界中の名オーケストラ、オペラハウスに出演している指揮者です。見た感じは何だか地味な普通のおじさんなのですが、指揮台の上ではまことに厳しい表情で音楽を駆り立てます。緊張感があり、真摯な演奏です。ドレスデン、ミラノという、ドイツ、イタリア両方の最高の劇場にたびたび出演しているというキャリアはだてではありません。

チャイコフスキー・コンクールという名門のピアノ部門で入賞しながら、あっさりと指揮者に転じました。姉は名ヴァイオリニストのチョン・キョンファです。

サイモン・ラトル　一九五五－

かつては優等生の極致のような演奏をしていましたが、徐々に演奏に豊かさ、自由、あたたかみが増していきました。名実ともに、現代のオーケストラの世界における最高峰のひとりです。

今まで顧みられなかったような珍しい曲も積極的に取り込み、来日公演などでもできるだけありきたりでないプログラムを提供しようとしています。日本でコンサートに行く人は、またCDを買う人は、ベートーヴェンやブラームスの名曲を聴きたがるものですが、それだけがクラシックではないことを、きわめて高水準の演奏で教えてくれるのは、まことにありがたいことです。

エサ・ペッカ・サロネン　一九五八-

フィンランド出身の指揮者です。すっきりしたスマートな音楽が身上です。しかし、年齢を重ねて、濃密な味わいも増してきました。

ラトル同様、あたりまえの曲目以外の、特に現代作品を多く扱うのは、自分自身も作曲家であるからにほかなりません。

ストラヴィンスキーの『春の祭典』、『火の鳥』の演奏に関しては、現在彼以上の指揮者はいないでしょう。難しい曲を完全に自分のものとし、自分の美学で仕立て直した演奏をしています。『春の祭典』では、汗くさくない熱狂とエクスタシー、『火の鳥』では絵の具をチューブから惜しげもなく絞り出していくような鮮やかな色彩感に圧倒されます。『春の祭典』はバレエ音楽ですが、サロネンの指揮ぶりを見ていると、これは彼が指揮台で踊るために作られた曲ではないかと錯覚するほどです。

マルク・ミンコフスキ　一九六二－

溌剌とした陽性で、才走った、しかも育ちがよさそうな指揮者で、たびたび来日して愉しいコンサートを聴かせてくれています。若い時には痩身だったのに、今や丸々とした森の熊さんのような雰囲気になってしまいました。舞台姿を見れば、ユーモラスで親密な感じがすぐに伝わります。前述のクリスティの音楽は、「厳しい練習なくして優雅さは獲得できない」と言っているようです（日々たくさんの練習がかかせないバレエが典型）。それに比べれば、ミンコフスキはもっと開放的で、のびのびとしています。何しろミンコフスキはバロック、そしてハイドン、モーツァルトと並んで、オッフェンバックのオペレッタを得意にしているのです。昔の大指揮者にとって、『ホフマン物語』以外の軽佻浮薄《けいちょうふはく》なオッフェンバック作品を劇場で指揮することはほぼあり得ませんでした。

珍しい作品もたくさん指揮しているのですが、有名曲の録音ならモーツァルトの『交響曲第四〇番』、ベルリオーズ『幻想交響曲』がたいそうおもしろいです。

フランソワ＝グザヴィエ・ロト　一九七一‐

今述べたミンコフスキもたいした才人ですが、これにも負けないのがロトです。とにかくいろいろな曲（一般的にはほとんど知られていないようなものもたくさん）を指揮しますし、『春の祭典』のような有名な曲でも、昔風の楽器を使ったり、常に何か新しいことをしないと気が済まないようです。

指揮ぶりも、堂々としたいにしえの巨匠風指揮者とは大違いです。もっと軽快ですばしこい、つまりものすごい速さと量で情報が行き交う現代らしい指揮者と言えるでしょう。

ロトの音楽は、音そのもののおもしろさや遊戯性や快楽を基本とした音楽なので、神秘性や深い感情表現などを求める人にとっては物足りないかもしれません。マーラーの『交響曲第四番』は、バーンスタインあたりが手掛けると、いかにも陶酔的になるのですが、ロトは細やかな音の遊びとして聴かせてくれます。ブルックナーも、敬虔な感じはしませんが、透明感があってなかなかに美しいのです。

ふたを開けてみないと、どんな演奏をしてくれるかわからない。これもコンサートに通う人にとってはたまらない魅力です。

トゥガン・ソヒエフ　一九七七‐

かつてソヴィエトはひとりの指揮者がオーケストラを徹底的に鍛え上げ、たとえ解釈に異論はあるにせよ、賛嘆するほかない演奏を披露してきました。エフゲニー・ムラヴィンスキー指揮レニングラード・フィルハーモニー交響楽団、エフゲニー・スヴェトラーノフ指揮ソヴィエト国立交響楽団、それよりはややソフトなウラディーミル・フェドセーエフ指揮モスクワ放送交響楽団といった演奏者たちです。

しかし、時代は変わりました。現在、もっとも期待される指揮者は、疑いなくソヒエフです。繊細でいながら、大胆でもあり、めりはりがある演奏をします。十八番はリムスキー＝コルサコフ『シェエラザード』で、実にあでやかでいながら、ダイナミックで、一本調子にならず、余韻もたっぷり。

あっという間に世界中のオーケストラから招かれる人気者になりました。

・オーケストラ

世界中でもっとも人気があり、また高い評価を得ているオーケストラは、**ウィーン・フィルハーモニー管弦楽団**と**ベルリン・フィルハーモニー管弦楽団**です。オーケストラの名前によく使われているフィルハーモニーという言葉は、フィルには愛するという意味があるので、文字通りハーモニーを愛する、音楽を愛するという意味になるのです（たとえば、哲学は、知を愛するということで、フィロソフィーとなるわけです）。

ウィーン・フィル（と、略して使われることがたいへん多い）は、音楽の街ウィーンが誇る楽団で、艶やかな音色や歌い回しに特徴があります。本拠地の名高い楽友協会大ホール（ムジークフェラインザール）で聴けばなおのことですが、日本で聴いても、その特徴はよくわかります。ただし、しばしば手抜き演奏をするので、本当にすごい演奏に遭遇するためには、繰り返しコンサートに出向く必要がありますが、来日公演のチケットはたいへん高価です。この楽団に限ったことではありませんが、手抜き演奏をしても、たいがいの愛好家は気づかないので、大きな問題にはなりません。そこがスポーツとは異なるところです。本気になったときには、間違いなく世界で第一級のオーケストラ芸術を堪能させてくれます。

ベルリン・フィルは、腕前という点ではウィーン・フィルを確実に凌駕《りょうが》しており、馬力もすごいのですが、艶っぽさや風情という点ではかないません。まさに街の雰囲気がそのまま反映されているのです。この楽団が本領を発揮したときには、これ以上のオーケストラは世界に存在しないだろうと、すれっからしのマニアですら喜んで信じたくなるようなすさまじさを見せつけます。個々の楽員の名技は大したものですけれど、ときたま個人プレイが目立ちすぎることがあります。ドイツの楽団ですが、楽員が国際色豊かなことでも知られています。

ベルリン・フィルと並ぶドイツの名門が、**ドレスデン・シュターツカペレ**（シュターツカペレ・ドレスデンとか、ドレスデン国立歌劇場管弦楽団と表記されることもあります）です。小さいけれど文化の香りがする魅力的な街ドレスデンのオペラハウスの楽団です。かつて宮廷楽団だったので、雅な感じ、上品さ、響きの一体感では、間違いなくベルリン・フィルに勝ります。

フランスでは、何と言っても**パリ管弦楽団**の名を挙げなければなりません。ドイツ系のオーケストラと比べるまでもなく、華やかで明るい響きを持っています。この楽団の奏者たちも腕利きです。ベルリン・フィルが本気のときは、まさに一〇〇人がひとつの楽器に化けたかのような錯覚を呼び起こすのに対し、パリ管（と略されます）はそれぞれ異なった一〇〇人の人間が盛り上がっている感じがします。オーケストラにもお国柄というものがあるのです。

イタリアでもっとも魅力的なオーケストラはミラノにあるスカラ座というオペラハウスの楽団ですが、本領はオペラ演奏です。

イギリスにはたくさんのオーケストラがあり、特にロンドンはいくつもの楽団の本拠地になっています。実力という点では**ロンドン交響楽団**がずば抜けています。ただしおもしろいのは、それ以外の楽団、たとえば**フィルハーモニア管弦楽団**などもいざというとき、たとえばすぐれた指揮者が出演したときにはすばらしい力を発揮して、不満を抱かせないところです。一般論として、ヨーロッパの楽団はこのようなケースが多いのです。

チェコには**チェコ・フィル**という楽団があり、特に管楽器には腕達者を揃え、渋くてきれいな木質の響きを聴かせてくれます。

ロシアには多くのオーケストラがあり、ソヴィエト時代には鉄の規律を誇り、重戦車のごとき有無を言わさぬ迫力の演奏をしていましたが、現在は緩くなっています。往年の輝きはもはや見られませんが、独特の味わいはあります。**レニングラード**（現：サンクトペテルブルク）**・フィル**や**ソヴィエト**（現：ロシア）**国立響**は、録音で黄金時代をしのぶことができます。爆発的なエネルギー感、大工場の機械がいっせいにうなりをあげるような盛り上がり方は、社会主義の美学を反映していました。

シカゴ交響楽団、**ボストン交響楽団**、**ロサンジェルス・フィル**といったアメリカの有力楽団は、技術という点では高度です。しかしながら、ヨーロッパ風の味わいには乏しい。作品の背景に存在する歴史を感じさせてくれるようなことはまずありません。それが気にならない人にとっては、聴いて楽しいでしょう。気になる人にとっては決定的な物足りなさが残ります。アメリカのオーケストラなのだからそれが当然だと言ってしまえばその通りなのだけれど。

ただし、実はアメリカの名門楽団の歴史の長さは、ヨーロッパのそれとさして変わらないのです。ヨーロッパのごく一部の宮廷楽団系のオーケストラを除けば、早くても一九世紀後半、遅ければ第二次世界大戦後に設立されたものもあるのですから。単なる時間的な長さの問題ではないということです。アメリカで求められているのは、高度なテクニックであり、束の間の感覚的な刺激であり、美的で精神的な深遠さではないということです。

ここに挙げたようなオーケストラは日本でも非常に人気があり、来日公演も頻繁に行われます。いわゆるブランド物と同様、チケットが高いことだけが問題です（ポピュラー音楽のように異常なまでにチケットの入手が困難なケースは、聴衆が高齢化した現在においては、ほぼありません）。

オーケストラは、すぐれた指揮者が振れば、普段以上の力を出すものですから、ブランドにこだわらず、いろいろな催しに出かけるのも愉しいものです。オーケストラに限りませんが、外れの経験もたくさんしないと、どれが当たりかはわかりません。本当によいもののの価値に気づくためには、しかるべき経験が必要なことは否定できません。外れだから気がつくこと、わかることもあるのです。「今日は高いチケットを買ったのにおもしろくなかった」という経験も、長い目で見れば何らかの足しにはなっているのです。人生、往々にしてそういうものではありませんか。

・ピアニスト

ピアニストはひとりで完結できる音楽家です。そのため、変わった人、他人と合わせるのが苦手そうな人もたくさんいます。他方で、すべての責任を自分が背負わなければならないため、心理的ストレスは大きく、活動を休止したり、不調に陥ってしまう人も珍しくありません。一度リサイタルに出かけてみれば、休憩を入れて二時間ものあいだ人前で完璧にふるまわなければならない仕事を、年に何十回も世界中で行わなくてはならないことの途方のなさが痛感できます。

また、ピアニストたちがもっとも好んで弾く楽器は、スタインウェイ社のものですが、ヤマハ、あるいはそれ以外のメーカーのものを選ぶ人もいます。ここではあえて詳しいことは書きませんので、ステージで、あるいは動画などで何が選ばれているのか、気をつけて見てみてください。

ピアニストは、ホールに置いてあるピアノを弾くのが普通ですが、なかには自分のこだわりの楽器を持ち込む人もいます。

ウラジーミル・ホロヴィッツ　一九〇三－一九八九

伝説的な名ピアニストで、ニューヨークで暮らしていました。非常に神経質で、たまに行うリサイタルは、それだけでニュースになり、熱狂的な信者のようなファンでいっぱいになりました。

強弱やテンポの緩急のぐあいが常識とは異なり、一般的な考え方では間違いですらあるのですが、逆にそれが独特な魅力ともなり、信者にはたまらなかったのです。それはモーツァルトのソナタなどを聴くとわかりやすいと思います。若いころの演奏は鬼神にもたとえられましたが、晩年の演奏はやわらかさ、やさしさが前面に出てきています。シューマンの「トロイメライ」は十八番の小品でした。

音色が多彩で、キラキラした高音も出せれば、暗闇のような低い音も出せ、魔法とも言われました。

スヴィャトスラフ・リヒテル　一九一五－一九九七

巨人と呼ばれたソ連のピアニストです。破壊的なまでのド迫力とものすごいテクニックの持ち主で、ロシア・ソ連流のピアノ演奏の最高峰を極めました。しかしながら、ありあまる力を駆使した物量攻勢的な音楽に、すごいなと思いながらも疑問を感じさせる瞬間がないわけではありません。

名盤と呼ばれているバッハ『平均律クラヴィーア曲集』第一巻は、とろけるようにやわらかな第一曲。なのに、激しくも厳しい第二曲が続くのでびっくりしてしまいます。リヒテルという人の二面性がよく表れています。

ラフマニノフの協奏曲でも、重戦車のような迫力と安定感を持つ演奏を成し遂げています。陶酔的な部分もきりりとしており、甘くならないのがリヒテルです。

アルトゥーロ・ベネデッティ・ミケランジェリ　一九二〇－一九九五

伝説的な完全主義者。ちょっとでも自分のコンディションやホールや楽器に不満な点があると、コンサートをキャンセルしました。録音では特にドビュッシーの『映像』を聴くと、彼の音が独特の透明さ、明晰さで人々を驚かせたことが理解できます。このような透明さ、明快さは、容易に濁りまた壊れてしまうものです。ショパンの『スケルツォ第二番』は、そうした透明な美が官能性にまで高まっています。ラヴェルの『ピアノ協奏曲』も、比較するものがないくらいの音響美を誇ります。何百色もの色鉛筆を、間違って床の上にぶちまけてしまったかのように、いろいろな音色があっという間に散らばります。

フリートリヒ・グルダ　一九三〇-二〇〇〇

語りかけるようなやさしさを持つモーツァルトやシューベルトが絶品です。クラシックの世界に安住している普通のピアニストであることに抵抗し続け、ジャズや自作の演奏にも積極的でした。常に聴衆に微笑みかけるような映像を見ると、彼の人柄がわかります。やはり得意だったショパンを聴くと、ぎりぎりでこの世代あたりまでは、いわゆる古きよき時代のヨーロッパといった感じの品のよさが生きていたことがわかります。フレンドリーな感じが、アメリカ的、アジア的なフレンドリーではなく、ヨーロッパ的なのです。また、情熱的ですが、決して暑苦しくなく、これまた上品なのです。

まじめなイメージが強いバッハの作品も、グルダが弾くと子猫が喜んで踊っているかのようです。天才ならではの自由自在さです。

グレン・グールド　一九三二-一九八二

クラシック以外の分野の人にももっとも知られているピアニストのひとり。カナダ出身。普通の人なら、コンサートで聴衆の喝采を浴びるのは嫌ではありません。それどころか、喝采には麻薬のような効き目があるらしいのです。しかし、グールドは毎日あちこちに移動しながらコンサートを行うことに我慢ならず、若手としてすでに高い評価を得ていたのに、さっさと引退を表明してしまいました。その後は、レコード制作と放送番組の制作に情熱を傾けました。

ごく若い時期と最晩年、二度録音したバッハ『ゴルトベルク変奏曲』がたいそう有名です。若いときの演奏は実に闊達で自由で愉しげです。ところが、最晩年の演奏はじっくりと弾き進め、深みがあります。どちらもたいへん魅力があります。これに限らず、グールドのバッハ演奏はどれも生気あふれるものです。ドイツ風とは言えませんが、これはこれですばらしいと言うしかないのです。

一般的なピアニストにとって必須のレパートリーであるショパンあたりにはまったく関心がなく、モーツァルトも好きではありませんでした。後者のピアノ・ソナタの速い楽章を、文字通り息をつく暇もないほど速く弾いたり、何とも奇妙で居心地が悪い演奏が遺されています。

他方で、シベリウス、ヒンデミット、リヒャルト・シュトラウスのピアノ曲といった、通常はあまり演奏されない作品を好んでいました。

マルタ・アルゲリッチ　一九四一-

この数十年、世界最高のピアニストという賞賛をほしいままにしてきた名ピアニストです。直感的な天才肌の人で、きわめて個性鮮やか。オーソドックスな価値観からすると、「これはちょっと違うだろう」と思うところも少なからずあるのですが、とはいえすごい人であることに間違いはありません。情感豊かでのびのびとしているショパン。そして、ダイナミックな迫力が圧倒的なチャイコフスキーの『ピアノ協奏曲第一番』。

芸術には多くの人々によって培われてきた知恵やルールや常識があります。が、天才は一瞬にしてそれを飛び越えます。ホロヴィッツなどとともに、それをはっきりと表している例です。

全盛期に聴かせてくれた、ほかの誰にも出せないほど微妙で多彩な音色は、まことに信じがたいものでありました。

マウリツィオ・ポリーニ　一九四二-

アルゲリッチと並んで大人気を誇ったピアニスト。自由奔放なアルゲリッチとは対照的に、正確無比な機械にもたとえられました。しかし、それはあくまで比較の問題で、ポリーニ自体は十分に熱いのです。ストラヴィンスキー『ペトルーシュカ』の三つの楽章を弾いた録音は、必聴です。ショパンの『バラード』などもスタインウェイを存分にかつ透明な音で鳴らして気持ちがよいものです。二〇世紀のひとつの美の典型と言えましょう。

マリオ・ジョアン・ピリス　一九四四-

ポルトガル出身の女性ピアニスト。ミケランジェリと並ぶ、まじめ系ラテン人です。音のひとつひとつを突き詰めた、ものすごく緊張感がある意志的な演奏が特徴。親しみやすいところでは、ショパンの夜想曲全集を聴くとよいでしょう。甘くも苦い絶品です。シューベルトも得意で、『即興曲集』など、しみじみと深い演奏をしています。

細かいところまでまじめに突き詰めるやり方が日本人の性にも合ったのでしょう、世界中で高い評価を得ましたが、日本でも人気が高く、またヤマハのピアノを愛用していることでも知られています。

内田光子《うちだみつこ》　一九四八–

特にベートーヴェンやドイツ音楽の演奏で世界的名声を得ています。徹底的に考え抜き、煮詰めた演奏をします。その異常なまでの集中力や凝縮感が、世界中のうるさ型をも納得させるのです。数字的に言えば、彼女の出す最強音は、音が大きいことで知られるロシア勢とは比べ物にならないでしょう。しかし、内面的なエネルギーがあふれているため、最強音として何の不足もないのです。また、独特の暗みも魅力的です。世評ではモーツァルトがすばらしいとされていますが、天衣無縫な感じはあまりしないので、理屈っぽいベートーヴェンのほうがいいと私は思います。

知性的な人でもあり、インタビューはいつでもおもしろい。

クリスチャン・ツィメルマン　一九五六–

とりわけショパンを得意としています。ゴージャスで、繊細でもあり、音色はキラキラと美しく、いかにも王道をゆくという感じの演奏です。とはいえ、まともそうな外見の裏側には、ちょっと計り知れないような何かがあることも事実。たとえば、協奏曲において理想の演奏を行うために自ら楽団を組織し、指揮も兼ねて、凝りに凝った演奏を行ったりしました。また、録音で聴くリストの『死の舞踏』では、いきなり強烈な音でガツンと来るのが衝撃的です。

近年は大胆な解釈を見せることも増え、これまであまり得意とは思えなかったシューベルトやブラームス（豪華に聞こえすぎたのです）でも、実に味わい深い演奏をするようになりました。

来日公演も頻繁にあるので、ぜひナマで聴きたいピアニストです。

イーヴォ・ポゴレリチ　一九五八－

現在活躍中のピアニストのうち、変わった演奏をするという点では最右翼のひとりでしょう。風貌からして怪しさが漂っていますが、止まらんばかりに遅いショパン、破滅的な疾走のようなリストなど、受け入れられない人には受け入れられないでしょうが、好きな人にはたまらない個性的な演奏です。デモーニッシュ（悪魔的、悪魔に憑かれた）という言葉がぴたりときます。

かつてショパン・コンクールに出場したポゴレリチがあまりにも常識はずれの演奏をするので、審査が紛糾したことは、ある年齢以上のクラシック愛好家はみな知っています。その結果、ポゴレリチは優勝者よりも有名になってしまったのでした。

定期的に来日するので、そのすごさは一度経験しておくべきでしょう。

ファジル・サイ　一九七〇-

トルコ出身のピアニストで、特にモーツァルトでは実に奔放にふるまいます。また、『トルコ行進曲』を自分でいっそう愉しいジャズ風に編曲したりもしています。作曲家でもあり、トルコ情緒があふれる作品を多く発表しています。才人です。

ツィメルマンやポゴレリチのようなものすごい技巧の持ち主というわけではありませんけれど、おおらかなところが持ち味でもあります。

ラン・ラン　一九八二-

中国出身のピアニスト。その世界的な人気や存在感は、エンターテイナー的とも言えるでしょう。顔の表情をいろいろと変えながら、きわめて情緒が強いショパンを弾くかと思うと、かつての中国の名物風景でもあった自転車の大群のようなせわしなさやあわただしさを感じさせる快速を披露したり。いろいろな意味で中国らしさを感じさせます。

チョ・ソンジン　一九九四-

韓国出身のスターです。弱音の繊細な表現が美点。ドビュッシーなどで時折、おっと思わせる演奏をしてくれます。

アンドレアス・シュタイアー　一九五五－

ここまで挙げた人々は、現代のピアノを使っていますが、そもそもこのような楽器は二〇世紀になって確定されたようなもの。バッハはもちろん、モーツァルトもベートーヴェンも、それどころかショパンも知らなかった楽器です。

昔風の楽器を弾く名手として、シュタイアーを挙げておきましょう。現代のピアノが輝かしく大きな音を出す代わりに失ってしまった音色の変化や素朴な味わいを愉しませてくれます。

・ヴァイオリニスト

ピアニストとは違った意味で、独奏ヴァイオリニストも難しい職業です。ヴァイオリンひとつだけで演奏できる曲はごくごく限られており、ほとんどの場合、伴奏ピアニストが必要です。なので、息の合ったピアニストが見つからないとストレスがたまる一方です。オーケストラとの共演も多いのですが、人気があるヴァイオリン協奏曲の数はごく限られていて、どこへ行ってもベートーヴェン、メンデルスゾーン、チャイコフスキー、ブラームスばかりがリクエストされます。オーケストラといっしょであろうと、ピアノ伴奏者を伴ってであろうと、プログラムの自由度がピアノほど高くないのです。それに飽きてしまうのか、ある年齢になると、指揮を始めてみる人も多いのです。

また、指の衰えがすぐにあらわになる楽器でもあります。よい楽器は目の玉が飛び出るほど高価ですし、管理にも気を使わなくてはなりません。

それだけに、すぐれたヴァイオリニストの全盛期の演奏は、まことに輝かしいものです。音楽がこのうえなく儚い、束の間の美であり、瞬間の奇跡であることを痛感させます。

ヤッシャ・ハイフェッツ　一九〇一－一九八七

もしも偉大なヴァイオリニストの名前をひとりだけ挙げろというアンケートを行ったら、ハイフェッツが一番になるかもしれません。それくらい神格化されています。ことに自分でヴァイオリンを弾く人（もちろんプロも含まれています）にとっては雲の上の存在です。

ヴァイオリンというと、甘美に歌う楽器と思われがちですが、ハイフェッツはそうではありません。『ツィゴイネルワイゼン』を聴けばわかるように、むしろ直線的で切れ味がよいのです。二〇世紀中ごろのアメリカで絶大な人気を誇ったのは、こうした音楽が、機械文明が進歩し、合理性が貴ばれた当時の美意識と重なったからでもあります。『ハンガリー舞曲』のようなものを弾いても、ローカル色は強調されません。ベートーヴェンでも思想性には関心がなさそうです。その瞬間のくっきりした音の美。そこで自足しているのです。

イヴリー・ギトリス　一九二二-二〇二〇

年をとっても色気を失わない不良老人（誉め言葉です）のようなヴァイオリニストでした。楽譜に忠実に弾くというよりも、自由に、天衣無縫に、肩の力を抜いて弾きました。ハイフェッツとは逆の意味で、プロのヴァイオリン奏者たちの憧れの的でした。こんな自由自在な演奏は誰にでも許されるものではありませんから。

大曲もいいのですが、特に小曲を聴くと、粋でしゃれっけのあった人だとよくわかります。ドヴォルザーク『ユーモレスク』のユーモラスであたたかい雰囲気。微笑みと涙が同居しているようです。クライスラー『愛の悲しみ』は、哀しいのにあえて毅然としているような趣がかえって哀しい。そして、繰り返しではいっそう暗みが増して、聴く者を呆然とさせるのです。そのくせ『ホラ・スタッカート』は思わず笑ってしまうくらいコミカルです。ギトリスが弾く小品は、ひとつひとつが異った輝きを持つ宝石のようなものです。

チョン・キョンファ　一九四八ー

韓国出身の女性ヴァイオリニストで、全盛期にはものすごい熱量や集中力で日本の聴衆を圧倒していました。しかも、深みもありました。大曲はもちろん、小品も得意で、クライスラーの定番曲のほか、エルガー「愛の挨拶」、バッハ「G線上のアリア」などはわずか数分でありながら、聴く者を永遠の世界に連れていくような力がありました。彼女のコンサートを訪れる人たちはみな、今日は何を弾いてくるのだろうと、アンコールを楽しみにしていました。おそらく、日本のヴァイオリン好きにとってはもっとも忘れられないヴァイオリニストのひとりでしょう。

アンネ＝ゾフィー・ムター　一九六三ー

カラヤンに見いだされた天才少女として売り出されたムターの演奏は、しばらくの間、上手ではあるけれど、本当に魅力的とは言い難いものでした。教わったように弾いているという感じがどうしても消えなかったのです。

しかし、あるときを境に化けました。二一世紀とは思えない豪華絢爛でロマンティックな雰囲気を醸し出すようになったのです。現在、艶やかな官能美においてムター以上のヴァイオリニストはほかにいないでしょう。弱音を駆使してベートーヴェンを弾くと色気過剰でいささか見当違いにも思えますが、これほどまでに徹底してやれば、ひとつの演奏としては実に高度と言うほかありません。シベリウスやブラームスの協奏曲では、彼女の特徴がはっきりプラスに働いています。

ステージ上では、「ヴァイオリンの女王」と呼ばれるのも不思議ではないほどの迫力でほかの演奏家を圧していますが、実際にはたいへん小柄です。オーラゆえに大きく見えるのです。

イザベル・ファウスト　一九七二-

甘口のきわみをゆくのがムターなら、辛口のきわみがファウストです。蜜が滴るようなムターの音色に比べれば、渋い美しさです。この人の緻密さもすごい。一音一音丹念に弾きわけているのがよくわかります。

バッハを弾けば、禁欲的で、バロックの演奏スタイルを意識している。メンデルスゾーンを弾けば、案外にロマンティックで普通。さまざまな演奏スタイルを切り替えることができる奏者です。

パトリシア・コパチンスカヤ　一九七七－

一目見て驚かされるという点では、現在この人の右に出るヴァイオリニストはいないでしょう。付け焼刃で奇をてらっているのではなく、本当に変な雰囲気なのです。スイスでは税関に目をつけられてヴァイオリンを没収されかけたというのもわかります。

単にうまいうまくないというのとは別の次元で、独特です。クラシックという言葉から連想される高級感など無縁の、血なまぐさく、汗臭い音楽。「芸術」というご立派でお上品なものではなく、はるか昔の芸能だったころのヴァイオリンのような、妖しい魅力を放っています。型にはまらないという言葉は彼女のためにあるのかもしれません。時にはいかがわしい雰囲気すらしてしまうのがご愛敬です。

彼女のあまりにも独特な存在感や流儀を経験するために、一度はナマで聴くべきです。ただし、ニュアンスが非常に細かく、音量でアピールする人ではないので、ステージに近い席にすわったほうがよいでしょう。また、この人の楽器は、茶褐色の音色で、華やかなイタリア系とは異なります。

ベートーヴェンやチャイコフスキーの協奏曲といった、もっとも有名どころの曲から聴いてみましょう。まさにヴァイオリンがすすり泣き、悲鳴をあげるのです。逆に、最弱音は聞こえないくらい。それに、この人は自分で歌ったり演技したりもするのです。それもぜひ舞台でご覧あれ。

このようにヴァイオリンは、女性が優位な楽器です。世代ごとに、人気があるヴァイオリニストがいます。しかしながら、美人ヴァイオリニストなどという甘ったるく通俗的な言葉は彼女たちの音楽にはまったく似合いません。舞台上で見ればわかるように、恐ろしいほどの集中力でもって難曲に挑んでいるのです。

変な顔、妙な格好

数えきれないほど多くのプロの演奏家がいます。世界的な演奏家として成功を収める人の大半は、やはり強烈な個性の持ち主。それも、一発で覚えてもらえるほど強烈な。特に視覚的な強烈さが大事です。クラシック音楽は耳のための洗練された芸術であると同時に、多くの人を楽しませる芸能でもあるという側面があり、必ずしも熱心な愛好家とは限らない人にもおもしろくて魅力的だと思わせるほうが有利だという事実はどうにも否めません。

たとえば昔は、(もちろん歌手は除いて、ですが)口を開けて演奏するのはよくないと言われていました。品が悪いし、あまり利口そうに見えないからです。ところが、あるときから事情が一変しました。口を開けて演奏する人たちが急増したのです。そのよい例が稀代の名チェロ奏者とされているヨー・ヨー・マで、彼のおかげで解禁されてしまったようなものです。やはり名ヴァイオリン奏者とされるギドン・クレーメルも口を開けている時間がかなりあります。このふたりがいっしょに演奏する姿は……あまり想像したくありません。

口を開けるだけでなく、弾いている表情が妙に強烈な演奏家がいます。昔から有名なのがピアノの内田光子。官能的とまで言われたのが仲道郁代《なかみちいくよ》。そして、中国初の世界的なスター、ラン・ラン。音楽に没頭すると、表情までこんなに変わるものなのでしょうか。ともかく、この人たちが恍惚として演奏する様子は、一度見れば、間違いなく記憶に残るでしょう。最近では藤田真央《ふじたまお》という若手が、この分野？では若手のホープとして注目されています。

こうやって名前を挙げてみると、東洋系の人が案外多いことに気づきます。もしかしたら、西洋人は、顔による感情表現がそれほど強くない東洋人が、いろいろな顔つきをすることにことさら興味深さを覚えるのかもしれません。

レナード・バーンスタインがアメリカ人の指揮者としてヨーロッパでも大成功したのは、ヨーロッパ的でない、感情の直接的な表現が新鮮だったからでもあります。ヨーロッパの伝統的な感性では、指揮台で飛び跳ねたりするなどとんでもない。バーンスタインのはでな指揮ぶりにまゆをひそめる人も多かったのです。

それとは対極的に、カラヤンは目をつぶって音楽に没入するような様子を見せていましたが、もちろん練習の際は目を開けていました。楽員とのアイコンタクトはたいへん重要なので、指揮者が目をつぶるなんて、普通は考えられないのです。オーケストラは非常に不安になるということです。が、カラヤンは特にテレビで見ている人に対してこのような方法でアピールしたのでした。

ピアニストのイーヴォ・ポゴレリチは、ショパン・コンクールで予選落ちしたのに、優勝者以上に有名になった例外的な人物です。当世若者風のラフな服装で話題をさらった彼に対して、「奇人を見せかけているだけで、奇抜な演奏も含め、すべてが注目を浴びるための周到な作戦だ」と疑いの目を向けるマスコミや評論家がいました。どうやらポゴレリチは本当に変わった人なのだということがその後わかってきましたが、注目を集めるためにステージマナーや衣装を決めているのではないかと疑われる演奏家は昨今珍しくありません。異常に露出の多い服を着たり、まともに歩けないような極端なハイヒールをはいたり、逆に裸足だったり。並大抵のことでは驚かないすれっからしの聴衆を奮い立たせるためでしょうか。

おわりに

本書を書きながら、どういうわけか、昔のことをしきりに思い出しました。

私は大学院生のときに、英文学者の篠田一士《しのだはじめ》先生の授業に出ていたことがあります。篠田先生は、英文学者としても文芸評論家としても有名な人でした。けれども、授業はつまらなかったのです。その理由は、どんな小説もおもしろいおもしろいと言うので、つかみどころがないというか、焦点が定まらない感じがしたのです。とにかくいろいろな小説、特に海外の新しい小説まで読んでいて、たいそうな知識の持ち主だということはわかりましたが。

しかし、私も今の年齢（つまり、そのころの篠田先生くらいの年齢ですが）になってみると、先生の授業の意味がわかったような気もするのです。つまり、この人の作品にはこういうおもしろさがある、あの人にはああいうおもしろさがある。そして、本当のところは、作品そのものを読まないとわからない。説明を聞いているだけではだめだ。そういうことを意識的か無意識的か、言っていたのではないかと。

若い人は、あるいはその世界に不案内な人は、どこからどう手をつけていいかわかりません。そういう人には、単純化でも、おおげさでも、あるいは少々間違っていてもかまわないから、とりあえず道筋を示すのが、一見親切に見えます。まずこれを読め。そうしたらこういうことがわかる。次にはあれを読め。そうしたらああいうことがわかる。そして……と。このようにアドバイスされれば、何だか安心します。さすが偉い先生だな、すっきりと説明してくれるじゃないかと感心します。

もちろん、そういう書き方で入門書を書くこともできるのですが、本書はそういうふうにはしませんでした。私自身が、そういうやり方はもう若いうちに試していたからでもあります。

細かに説明されてわかった気がするのは、錯覚です。わかることはおのずとわかる。自分がわかるようにわかる。わからないことはわからない。わかったものだけがわかる。あるときふと、「あ、この作品が、作曲家が、演奏家が言いたいことはこういうこと?」と腑に落ちる経験を続けてきました。

キリストには弟子たちがいましたが、彼らは師に従いつつも、本当のところは師が語ることをまったく理解できていませんでした。そして、師が捕らえられ、はりつけにされると逃げ出しました。ところが、そのあとで、彼らはわかったのです。師が何を言いたかったかを。それから彼らは各地で布教を始めました。もう弾圧や殉教も怖くなりました。実際、残虐な方法で殺されました。

わかるということはすごいことです。もし読者が、この本をきっかけにしてクラシックに親しみ、あるとき読み返して、「ああ、ここに大事なことが書かれていた。あっさりと書かれていたけれど、これは大事なことだったのだ」と思ってくださる瞬間がきたら、まことに嬉しいことです。本とは、言葉とは、つまるところ、そういうものです。

しかしながら、矛盾するようですが、実はわからなくてもいいのです。「はじめに」で少年の日の釣りの思い出について書きました。私はそれから釣りに夢中になり、約五〇年後の今も、シーズンがやってくるといそいそと湖に出かけていきます。長年の経験もあって十分に中級者と呼べるレベルにはなっていると思います。ところが、正直に告白しますと、私には釣りの才能がないのです。世の中で名人と呼ばれる人たちとは、まったくもって比べものにならないのです。釣りの本はたくさん読みましたし、動画も見ました。だけど、センスとか才能と呼ばれる何かが私には決定的に欠けているのです。でも、それで一向にかまわないのです。私は釣りのプロではなく、ただの下手の横好きで十分に幸せなのですから。

というわけですから、クラシックがわからなくても、まったくかまわないのです。何となくいいなと思って、聴いて嬉しければそれでよいのです。本書を眺めて、いいなと思える曲や演奏家が増えればそれでよいのです。

それからもうひとつ。私はクラシック音楽を通じていろいろな人々と知り合いました。その中にはもちろん意見が合わない人、嫌いな人だって少なからずいましたけれど、多くの友人ができました。プロ、アマチュアは関係ありません。何の利益関係も抜きにして、好きなことについて語り合える人、感動を分かち合える人がいるのはすばらしいことです。読者の方々もそのような友人に恵まれますように。

N.D.C. 760　241p　18cm
ISBN978-4-06-530866-0

講談社現代新書　2693

はじめてのクラシック音楽《おんがく》

二〇二三年一月二〇日第一刷発行

著者　許《きょ》 光俊《みつとし》

発行者　鈴木章一

発行所　株式会社講談社
東京都文京区音羽二丁目一二―二一　郵便番号一一二―八〇〇一
電話　〇三―五三九五―三五二一　編集（現代新書）
〇三―五三九五―四四一五　販売
〇三―五三九五―三六一五　業務

装幀者　中島英樹／中島デザイン

印刷所　株式会社新藤慶昌堂

製本所　株式会社国宝社

定価はカバーに表示してあります　Printed in Japan

「講談社現代新書」の刊行にあたって

教養は万人が身をもって養い創造すべきものであって、一部の専門家の占有物として、ただ一方的に人々の手もとに配布され伝達されうるものではありません。

しかし、不幸にしてわが国の現状では、教養の重要な養いとなるべき書物は、ほとんど講壇からの天下りや単なる解説に終始し、知識技術を真剣に希求する青少年・学生・一般民衆の根本的な疑問や興味は、けっして十分に答えられ、解きほぐされ、手引きされることがありません。万人の内奥から発した真正の教養への芽ばえが、こうして放置され、むなしく滅びさる運命にゆだねられているのです。

このことは、中・高校だけで教育をおわる人々の成長をはばんでいるだけでなく、大学に進んだり、インテリと目されたりする人々の精神力の健康さえもむしばみ、わが国の文化の実質をまことに脆弱なものにしています。単なる博識以上の根強い思索力・判断力、および確かな技術にささえられた教養を必要とする日本の将来にとって、これは真剣に憂慮されなければならない事態であるといわなければなりません。

わたしたちの「講談社現代新書」は、この事態の克服を意図して計画されたものです。これによってわたしたちは、講壇からの天下りでもなく、単なる解説書でもない、もっぱら万人の魂に生ずる初発的かつ根本的な問題をとらえ、掘り起こし、手引きし、しかも最新の知識への展望を万人に確立させる書物を、新しく世の中に送り出したいと念願しています。

わたしたちは、創業以来民衆を対象とする啓蒙の仕事に専心してきた講談社にとって、これこそもっともふさわしい課題であり、伝統ある出版社としての義務でもあると考えているのです。

一九六四年四月　野間省一

趣味・芸術・スポーツ

620 時刻表ひとり旅——宮脇俊三
676 酒の話——小泉武夫
1025 J・S・バッハ——礒山雅
1287 写真美術館へようこそ——飯沢耕太郎
1404 踏みはずす美術史——森村泰昌
1422 演劇入門——平田オリザ
1454 スポーツとは何か——玉木正之
1510 最強のプロ野球論——二宮清純
1653 これがビートルズだ　中山康樹
1723 演技と演出——平田オリザ
1765 科学する麻雀——とつげき東北
1808 ジャズの名盤入門——中山康樹
1890 「天才」の育て方——五嶋節
1915 ベートーヴェンの交響曲——金聖響 玉木正之
1941 プロ野球の一流たち　二宮清純
1970 ビートルズの謎——中山康樹
1990 ロマン派の交響曲——金聖響 玉木正之
2007 落語論——堀井憲一郎
2045 マイケル・ジャクソン——西寺郷太
2055 世界の野菜を旅する　玉村豊男
2058 浮世絵は語る——浅野秀剛
2113 なぜ僕はドキュメンタリーを撮るのか——想田和弘
2132 マーラーの交響曲——金聖響 玉木正之
2210 騎手の一分——藤田伸二
2214 ツール・ド・フランス　山口和幸
2221 歌舞伎　家と血と藝　中川右介
2270 ロックの歴史——中山康樹
2282 ふしぎな国道——佐藤健太郎
2296 ニッポンの音楽——佐々木敦
2366 人が集まる建築——仙田満
2378 不屈の棋士——大川慎太郎
2381 138億年の音楽史　浦久俊彦
2389 ピアニストは語る　ヴァレリー・アファナシエフ
2393 現代美術コレクター　高橋龍太郎
2399 ヒットの崩壊——柴那典
2404 本物の名湯ベスト100　石川理夫
2424 タロットの秘密——鏡リュウジ
2446 ピアノの名曲——イリーナ・メジューエワ

◎

文学

2 光源氏の一生——池田弥三郎

180 美しい日本の私——川端康成 サイデンステッカー

1026 漢詩の名句・名吟——村上哲見

1208 王朝貴族物語——山口博

1501 アメリカ文学のレッスン——柴田元幸

1667 悪女入門——鹿島茂

1708 きむら式 童話のつくり方——木村裕一

1743 漱石と三人の読者——石原千秋

1841 知ってる古文の知らない魅力——鈴木健一

2029 決定版 一億人の俳句入門 長谷川櫂

2071 村上春樹を読みつくす 小山鉄郎

2209 今を生きるための現代詩 渡邊十絲子

2323 作家という病——校條剛

2356 ニッポンの文学——佐々木敦

2364 我が詩的自伝——吉増剛造

世界の言語・文化・地理

哲学・思想Ⅰ

哲学・思想Ⅱ

日本語・日本文化

世界史Ⅰ

世界史Ⅱ

日本史Ⅰ

1258 身分差別社会の真実——斎藤洋一 大石慎三郎
1265 七三一部隊——常石敬一
1292 日光東照宮の謎——高藤晴俊
1322 藤原氏千年——朧谷寿
1379 白村江——遠山美都男
1394 参勤交代——山本博文
1414 謎とき日本近現代史 野島博之
1599 戦争の日本近現代史 加藤陽子
1648 天皇と日本の起源 遠山美都男
1680 鉄道ひとつばなし——原武史
1702 日本史の考え方——石川晶康
1707 参謀本部と陸軍大学校 黒野耐

1797 「特攻」と日本人——保阪正康
1885 鉄道ひとつばなし2——原武史
1900 日中戦争——小林英夫
1918 日本人はなぜキツネにだまされなくなったのか 内山節
1924 東京裁判——日暮吉延
1931 幕臣たちの明治維新 安藤優一郎
1971 歴史と外交——東郷和彦
1982 皇軍兵士の日常生活 一ノ瀬俊也
2031 明治維新 1858-1881 坂野潤治 大野健一
2040 中世を道から読む——齋藤慎一
2089 占いと中世人——菅原正子
2095 鉄道ひとつばなし3——原武史
2098 戦前昭和の社会 1926-1945——井上寿一

2106 戦国誕生——渡邊大門
2109 「神道」の虚像と実像 井上寛司
2152 鉄道と国家——小牟田哲彦
2154 邪馬台国をとらえなおす——大塚初重
2190 戦前日本の安全保障——川田稔
2192 江戸の小判ゲーム——山室恭子
2196 藤原道長の日常生活 倉本一宏
2202 西郷隆盛と明治維新 坂野潤治
2248 城を攻める 城を守る——伊東潤
2272 昭和陸軍全史1——川田稔
2278 織田信長〈天下人〉の実像 金子拓
2284 ヌードと愛国——池川玲子
2299 日本海軍と政治——手嶋泰伸

日本史Ⅱ

宗教

27 禅のすすめ——佐藤幸治
135 日蓮——久保田正文
217 道元入門——秋月龍珉
606 「般若心経」を読む——紀野一義
667 生命《いのち》あるすべてのものに　マザー・テレサ
698 神と仏——山折哲雄
997 空と無我——定方晟
1210 イスラームとは何か——小杉泰
1469 ヒンドゥー教　クシティ・モーハン・セーン　中川正生 訳
1609 一神教の誕生——加藤隆
1755 仏教発見!——西山厚
1988 入門 哲学としての仏教　竹村牧男
2100 ふしぎなキリスト教——橋爪大三郎　大澤真幸
2146 世界の陰謀論を読み解く——辻隆太朗
2159 古代オリエントの宗教　青木健
2220 仏教の真実——田上太秀
2241 科学vs.キリスト教——岡崎勝世
2293 善の根拠——南直哉
2333 輪廻転生——竹倉史人
2337 『臨済録』を読む——有馬頼底
2368 「日本人の神」入門——島田裕巳

ⓒ